NIEBELSCHÜTZ · ARKADIEN

WOLF v. NIEBELSCHÜTZ

AUCH ICH IN ARKADIEN

Respektlose Epistel
an die Freunde

Mit einer
Nachbemerkung
von
ILSE v. NIEBELSCHÜTZ
und sieben
arkadischen Bildern
von
IRENE v. TRESKOW

HAFFMANS VERLAG

Erstausgabe
aus dem Nachlaß von
Wolf v. Niebelschütz.

Die Illustrationen wurden
eigens für diesen Band geschaffen.

1.–2. Tausend, Frühling 1987

Satz: Benziger, Einsiedeln
Druck: Mengis + Sticher, Luzern
Bindung: Schumacher, Schmitten
ISBN 3 251 00101 9

AUCH ICH IN ARKADIEN

In Como anzukommen, ist ein Traum –
Des Bahnhofs wegen: ach, welch süßer Bahnhof!
Welch süßes modernistisches Gebilde!
Flach apfelsinengelb dahingelagert,
Die sonnverglühten Ziegel weißgefugt,
Chromblinkende Metall-Applikationen,
Ein Zauberspiel aus Mauerwerk und Glas,
Majolika, Glyzinien, buntem Kiese;
Darunter tief das Königsblau des Sees;
Im nahen Hintergrund, in Weiß und Ocker
Mit Hunderten von Villen übertupft,
Mit nacktem Felsenaufbruch übersprenkelt,
Das satte Grün des Bergwalds von Brunate;
Und oben, fleckenlos aquarelliert,
Ultramarin in Idealverdünnung,
Sehr schwer zu malen, unwahrscheinlich leuchtend:
Arkadiens Himmel – den beschreib ich nicht.
Was geben Worte, da er körperhaft
Und doch weit geistiger als Zelt und Seide,
Gewölbter Äther, ohne Vorbereitung
Uns mitten in das Atemzentrum trifft?
Wahrhaftig ja: man ringt in Luft nach Luft,
Aus langem Tunnel saust der Zug, halbleer,
Ins pure Licht, die Gleise flimmern auf,
Gehöht mit Palmen in geneigter Kurve,
Die nach uns greift, die Wagenschlange anhebt,
Mit elegantem Schlingern Horizont
Und Vertikalgesetz zusammenrührt –

Göttlicher Regisseur, der dies ersann:
Ein Meer von Oleanderblüten wirft sich,
Aus steingrün überblitztem Laube träumend
Und hinterfunkelt von des Bergsees Tinten,
Flamingofarben an des Fremden Brust!

O Augenblick! Schon war das Bild gewesen,
Der knappe Kilometer schon durchfegt,
Das rassige Maschinen-Untier bremste,
Lautlos elektrisch, rollte aus, hielt an,
Und auf die Oleanderwoge folgte
Vom Bahnsteig her, im Bruchteil der Sekunde
Abteil und Gänge enternd, überschwemmend,
Die Springflut ondulierter Italiener,
Nach letztem Schrei gekleidet, hell (versteht sich),
Flohbraun bis sandgelb, tadellos gebügelt,
Das obligate Bärtchen auf der Lippe
Und *sehr* gesprächig, während draußen stumm
Der Dom vorüberglitt, ein Campo Santo,
Ein Kofferberg, ein Speisewagenkellner,
Ein Stück Umfassungsmauer und dann nichts mehr –
Nur Hände, Arme, Kraushaar, Sigarette
Und wundervoll gestikulierende,
Bis in die Rückennaht bewegte Schultern.

Da saß ich nun beengt in meinen Polstern,
Verschüchtert, weil ohnmächtig des Idioms,
Sah zwischen Como und Milano nur
Die lieben Milanesen und Comesen
Und war doch fröhlich, paradiesisch kam mir
Die Landschaft vor (sie ist abscheulich – Monza!!),
Und tauschte mit der gleichfalls eingeengten,
Gleichfalls verschüchtert fröhlichen Gemahlin
Die allertiefsten Blicke: »Glaubst dus nun?«
So hieß das Leitmotiv der bis zur letzten
Minute mehr als fraglich scheinenden,

Durch ein Jahrzehnt erträumten, in zwei Tagen
Geschlossnen Auges finanzierten Reise.

* * *

Ich schreib Euch alles dies, vielliebe Freunde,
Zwei Jahr nachdems gewesen, einmal weil Ihr
Bericht erwartet, und zum Andern dann,
Weil mich seither das Schicksal feindlich hindert,
Der Fiskus tuts, der Fiskus ist auch Schicksal.
Da schafft Erinnerung mir denn Ersatz,
Recht mageren, und Euch den Abglanz, hoff ich.
Nur wollet bitte mir den Einwand sparen,
Ich reiste en soliste billiger;
Das ist ein Irrtum, eine kurze Rechnung,
Sehr materiell gedacht, ich denke edler:
Gerade reisend brauche ich mein Weib,
Teils dieser, teils auch jener Dinge halber,
Und nicht zuletzt – bei Gott ein wesentliches,
Ein allerwesentlichstes Element! –,
Auf daß michs kneife und ichs kneifen kann,
Weil gar zu leicht – so ging es in Paris
Mir einsam strohverwitwet Schluckendem –
Das Wonnefüllhorn uns erstickt. Erlebnis!
Man will und muß dem gleichgestimmten Partner,
Ders gleichfalls will und muß, mitteilen können,
Daß, was er fühlt, gefühlt wird, will dem Kloß,
Der in die Kehle steigt, den Ausweg gönnen,
Gefahrumdrohten Ausweg allerdings:
Hart auf der Grenze zwischen Wut und Wortwitz,
Sentimentalität, Ergriffenheit
Und Ärger auf sich selber, balanciert
Das lockre Tränenpaar (»zum Heulen schön«
Nennt unser Volksmund treffend den Moment)
Und zittert abwärts, laulich auf die Piazza
San Marco oder sonstwohin genetzt,

Ein frommes Deposit. Kurzum: zu zweit
Mag alles dies erlaubt sein, monologisch
Dagegen gilt man schnell als mente captus
Und fühlt sich mit Verwunderung betrachtet.

Und Ihr, Carissimi, verwundert Ihr Euch,
Daß ich von Tränen spreche als ein Spötter?
Ich, ein Poet, von Bahnhof? von Moderne
Gar ich, der eingeschworene Barockfreund,
Der trotzdem leidenschaftlich gerne autelt?
So zynisch ich mich gebe: weinen kann ich –
Vor Wehmut nicht und nicht vor Schmerz, vor Glück!
Es muß halt nur das rechte Quantum da sein,
Ein Konzentrat von Glück. Und die Moderne?
Sie soll mich überzeugen, damit basta.
Wogegen ich mich sperre, ist allein
Die elende, verbißne Praepotenz,
Mit der sie mir verübelt, was ich liebe.
Sie will, ich soll *sie* lieben – welch ein Unsinn!
Ich liebe, was mir Spaß macht, liebe Händel,
Ich bin allergisch gegen Raffael,
Doch manches wird geschleckert, bin für Tizian,
Allegorien ausgenommen, sträube
Bei Wagner'scher Musik die Haare, hasse
In Deutschland Schinkel, in Paris Perrault,
Idole sind mir Tiepolo, Bernini,
Der kleine Wolfgang quinquiliert auf mir,
Den Bahnhof Mailand find ich grauslich, Como
Mediterranea bezaubert mich,
Desgleichen Roma Termini, den Giotto
Des Florentiner Domturms schätz ich höher
Als padovanische Kapellenfresken,
Ich mag dies Padua nun einmal nicht,
Mag mehr Florenz, mag dort nun wieder gar nicht
Die Nacht von Michelangelo, es ärgert
Und es verkrampft mich physisch in den Muskeln,

Zu sehn, wie sie von ihrem Sarg herabrutscht –
Doch andrerseits genoß ich frisch den Anblick
Der massenhaften, silbergrauen Öltanks
Bei Mestre vor dem dunkelnden Gebirge,
Den Abendschein und, gleichfalls bei den Öltanks,
Die Prozession von Telegraphenstangen,
Im Parallelmarsch aus der terra ferma
Durch die Lagune nach Venedig schreitend,
Eilfertig, um der Biberrepublik,
Bevor wir kamen, ihren Strom zu bringen,
Dem Märchen Orient im Okzidente
Sein technisiertes Licht: ex Mestre lux!

Uns freilich ward – ich bin vorausgeeilt –
Das erste Licht von West nicht noch von Ost:
Von oben her ward es, mit Recht, gespendet.
Die lieben Schweizer, gastfrei wie die Griechen,
Entführten uns aus tagelangem Nebel
In höchst kommoder Limousine bergwärts,
Vom Zürichsee in Richtung Säntis-Seilbahn,
Bis wir bei mehr als dreizehnhundert Metern,
Umstellt von übergrasten Felsentrümmern,
Parkieren mußten, wie die Schweizer sagen.
Ein mächtig Holzhaus, lagernd mit Terrassen,
Das Dach umhüllt vom dicken Wolkensitzfleisch,
Verschluckte vorne uns, indessen seitlich,
Metallverstrebt ein Glaskorb ihm ins Maul fuhr,
An Trossen schwebend, die ein Riesenstelzfuß,
Dreihundert Schritt hinauf, ihm niederreichte –
Zu ahnen nur, man sah den Stelz zum Viertel,
Und auch die Trossen endeten in Watte,
Ganz einfach schräg in Luft, die keine Luft war:
Ein schiefes Wort, sie hätte hemmungslos
Geweint, geweint, geweint.. Ums Haar sprach ich
Das Wort, ein Schild verkennend an der Tür,
Ein Schild mit Aufschrift »Säntis hell!«, ich hielt es

Für Bier-Reklame trotz des Ausrufzeichens,
Verständlich, da ich aus dem Rheinland komme.

Da aber hingen wir bereits im Nichts,
Im Bodenlosen, glasumpfercht, wattiert:
Ein Felstrumm unten wackelte vorbei,
Es hangelte der Korb am Gittermastwerk
Mit seiner stummen Menschenfracht sich höher,
Vom Grau umbrodelt – ach, ein schwärzlich Grau,
Ruhrsuppe nennt mans hier, wir schauten traurig
Gemüthaft und bedrückt in Partners Augen,
Vom Ruß aus Schloten bis ins Hochgebirge
Eklig verfolgt – da überfällt ein Lustschreck
Die Augen, die nicht wissen, was sie sollen,
Weiß wird das Nichts, von tausend Enden rieselt,
Von oben, unten, links und rechts das Licht,
Gespeist von überall, in unser Glashaus,
Die Lider schmerzen, schließen sich, mit Macht
Muß man sie öffnen, schau: ein Ockerschleier
Schwebt an der steigenden Kabine nieder,
Was war das? mattes Grüngrau, Gras? vorbei,
Ein Stückchen Felshang, Nebelfetzen lecken
Um nackten Stein, und unartikuliert,
Halb Schrei, halb Röcheln, seufzt ein wilder Schluchzer
Zugleich durch fünfzig menschliche Organe,
Ein zieres Händchen krallt sich mir in Ärmel,
Und nach Sekunden erst begreift man: Sonne!,
Die Sonne hat uns wieder, Sonne gibt es
Noch auf der Welt! und was für warme Sonne!
Hier oben war sie, schien da ganz allein
So vor sich hin, für sich und für den Säntis
Und jetzt für uns, die wir gelandet waren,
Uns kletternd auf dem Gipfel zu verstreun –
Darunter eine frisch getraute Braut,
Der Myrtenkranz, der Kranz der Hochzeitsgäste,
Der Bräutigam in Toggenburger Tracht,

Ein dralles Mädchen aber, dunklen Haares,
Gab bis nach Österreich den point de vue,
Den Paukenschlag aus sieben Metern Seide:
Fußlang nach Grün changierend kardinalsrot!

Und rings umher das schönste Panorama:
Nur Gipfel, Gardemaß Zwei Komma Eins,
Ein Kameradschafts-Treffen der Elite,
Die Crème der Schweiz, die Schweiz als idée pure –
Nahbei die sieben rötlichen Churfirsten,
Schräg aus dem Nichts gestemmte Mammutschultern,
Vor ihnen Watte, hinter ihnen Watte,
Die Glarner Alpen, der Pilatus, Tödi,
Scheinbar zum Greifen nah die Blümlisalp,
Wobei Curt Goetz mich heimlich lächeln machte
Vermöge doppeldeutiger Verwendung,
Dann klein, weil fern, die heitere Familie
Von Finsteraarhorn, Schreckhorn, Wetterhorn,
Leutselig, wie uns däuchte, nicht sehr finster,
Der Mönch zwar keusch, die Jungfrau aber nah, –
Kein Tal, kein See zu sehn, kein Fluß, kein Dörfchen,
Nicht Stadt noch Straße, Auto, Eisenbahn,
Der Mensch als Wesen und als Republik
Von strahlend weißer Wohltat so bepackt,
Daß wir vergaßen, daß, zur Höhe freundlich,
Die gleichen Sahne-Baisers unterwärts
Mit Nebelgrau und Nieselregen trostlos
Als wahre Obrigkeit die Welt behocken.
Mit einem Wort, wir fühlten uns genötigt,
Dem Wilhelm-Busch-Zitat zu widersprechen:
Die Welt ist groß, besonders oben? Nonsens!
Der niedre Flächenmensch, er kennt sie nicht!
Klein ist sie, schrumpfig, völlig spielzeughaft,
Weil halt (zum Glück) die menschlichen Vergleiche,
Luzern und Bern, der Appenzeller Bote,
Gasthäuser, Bodensee und Drahtseil fehlen.

Stattdessen lag Italien uns zu Füßen,
So meinten wir, dort hinten irgendwo,
Wir hättens greifen, nur dem Bristenstock
Kurz um die Taille fassen, nur die Wolken
Ein wenig lupfen müssen, und wir hatten,
Wonach uns tief im Busen dürstete!
Nein: groß und endlos wurde alles erst,
Als wir in komfortabler Limousine
Durch leisen Fisselregen heimwärts rollten.
Der Abend weinte sich in Nacht und Schlaf,
Die Reifen sangen auf dem spiegelnden,
In Kurven hingeschlängelten Asphalt,
Erleuchtet blinkten hie und da an Hängen
Noch Fenster, und ein später Schnellzug reiste
Als Glühwurmkette in den Tunnelschlund:
Wie weit allein von Rapperswil nach Stäfa,
Vom Säntis nach Arkadien, ach, wie weit!

Langweil ich Euch? Gemach! Wir sind gleich da.
Die Nacht hebt sich vom See, an dessen Ufer
Der zauberhafte Gasthof, »Sonne« heißend,
Auf Stäfas kettenbrecherischen Helden
Von Bronze blickt, auf kleingeschnittne Linden,
Auf Fischerkähne, puckernd Motorboot,
Auf einen Dodge, mattgrün, stark hundert Pferde,
Den selbigen von gestern, und auf Nebel..
Und vor dem Dodge auf unsern Nationalrat,
Gastgeber seltner Art, uns fröhlich winkend:
»De Näbel stiigt scho, d'Sunne chunnd, s prässiert!«
Und unter rauschenden Gesprächen gehts,
Derweil die Helle wächst, die Welle gluckert,
Nach Rapperswil – adieu, chéri mon lac,
An dem ich gar zu gerne leben möchte! –,
Von Rapperswil quersee im Burgbergschatten
Nach Pfäffikon mit Oh, nach Schindellegi
Mit dopplem Kehlen-L, nach Biberbrücke,

Bis hierhin wohlbekannt (Einsiedeln liegt
Dort seitlich unvergessen, dickes Kloster,
Von wo ein Fläschchen Himmelsluft mein Vater
Ihm heimzubringen einst mich bat), dann Sattel,
In engen, steil begrünten Serpentinen
Hinab nach Schwyz, die Sonne ringt sich frei,
Ihr saftiges, ihr feuchtes Licht auf Dächer,
Auf Felsen, auf Oktoberwipfel gießend,
Die noch kein Hauch, kein Wintersahnen gilbte.
Und plötzlich standen wir, der Wagen hielt,
In Brunnen unter Bäumen still, den Blick
Gerichtet auf ein Dunstblau, das, vom Laubdach
Bis in den Kies der Promenade, hinter
Gußeisernem Geländer selig vorschien,
Ein Fulminantblau, das die Welt erfüllte
Und jede andre Farbe überblaute:
Das Steingrau blau, das Wellensilber blau,
Satt blaugrün noch das kleinste Wiesenstück,
Und bläulich wesenlos die Nebelwölkchen,
Die nah und fern bis vor der fernsten Bergwand,
Vom Wasserspiegel bis zum höchsten Himmel,
Immateriell durchsichtig aufgelöst,
Entschwebten – ach, noch Schweben ist zu schwer!

Der Urner See, ich hab ihn liebgewonnen,
Und prima vista dies: die Axenstraße;
Die Felsennadeln und die Felsentunnels,
Durch die der Wagen als Genießer tauchte,
Um drüben neu das Luftblau einzuatmen;
Die ungeheure Weite in der Engnis;
Das Frischgewaschne und das Wohlgebaute,
Die Jugendanmut dieser mädchenhaften,
Gesunden, festen, blitzenden und schönen,
Im Höchstfall achtzehnjährigen Natur!
Hab liebgewonnen auch den Nationalrat,
Die Gattin, Sohn und Tochter, Schwiegerkinder,

Und nicht weil sie den Kammerherrn goûtieren,
Obwohl das Faktum mir nicht wenig schmeichelt,
Daß ein Politicus, gar obendrein
Ein Eidgenosse, meine Staatsgespräche
Beachtenswürdig für die Praxis fand –
Nein, überhaupt! Mit der Laterne suchen
Kann man bei uns den Mann profunder Bildung,
Der nicht die Politik profund verabscheut,
Et vice versa den Politiker,
Ich spinne es nicht aus.. mein altes Thema.
Parteigeschrei und Staatskunst sind zwei Dinge,
Zumindest in der Schweiz, im Parlamente
Spricht und versteht drei Zungen der Orator,
Spickt sie aus dreien Zungen mit Zitaten
Und weiß die Bildungswürze zu benutzen.
So auch bei mir: der gute Herr beschämte,
Was er gewiß nicht wollte, mich, mein Weib,
Mein geistiges Gepäck, den sogenannten
Lehrkörper, Schule, Universität,
Indem er nicht allein den Wilhelm Tell
Bei jedem Baum und Strauch und Wiesenvorsprung
Uns, die wir staunten, haarklein deklamierte
(Und nicht aus Protz: aus Liebe!), sondern auch
Den Goethe kannte, den Vergil, den Shakespeare,
Empfehlend, in Verona doch das Grab
Der Julia zu besuchen (wir versäumtens),
Doch ist die Julja richtig, richtig Tizjan,
Man sagt nicht Ju-li-a, der Versemacher
Entferne sich zu weit nicht vom Gebrauche,
Dem täglichen, der Sprache! Ti-zi-an,
Da käm ich ins Gedränge, spätestens
In Brescha: Bres-ci-a? Chi-as-so? Kjasso,
Stazione classica della frontiera!
Ich als moderner Mensch metrifiziere,
Poetisiere eben durchaus anders,
Als die berühmteren Kollegen taten:

Wenns mir gefällt, besinge ich den Öltank
Und die Station; prosaisch ist mir nichts.

Ja, die Station.. inmittelst war es Zeit,
Den Nationalrat und den grünen Dodge
Zu wechseln gegen unsern fahrplanmäßig
Punkt zwölf Uhr zehn in Erstfeld haltenden
Bemützten Kondukteur und seinen Schnellzug
Milano via Zürich–Zug–Arth–Goldau–
Airolo–Bellinzona–Chiasso–Como –
Ein herrliches Gedicht! mein Lebtag schreib ich
Kein beßres je als dies bewundernswerte,
Gekonnt gesteigerte, grandiose Schild,
Das, voller Wortmusik, gemalt zwar nur,
An allen Wagen querformatig hing,
Doch unsre Abschiedswehmut leise klappernd
(Blech gegen Blech) mit Lockung überspielte.

Ab in den Bristenstock! der Tunnel schluckt uns,
Hinaus ins Licht! hinein ins Dunkel wieder!
Und Luft! auf hoher Brücke übers Reußtal,
Scharf links am Berg entlang, Gurtnellen, Tunnel,
Von drüben schaut der Bristenstock uns zu,
Er hält vorm Gotthard Wacht, dreitausend hoch,
Ein Herr auf dementsprechend großem Fuße,
Jetzt neu die Nase in den Berg gesteckt,
Im Berg umnachtet von Italien träumend
(Obs drüben regnet?), Dämmrung! raus! ans Taglicht!
Wir sind an gleicher Stelle, höher nur,
Da: unter uns der Tunnelmund von eben!
Kehrtunnel also, da: die Meienreuß,
Ein, zwei, drei Brücken übernand getreppt,
Die tiefste haben wir, vivant sequentes!
Und dies die große Reuß, das Dorf heißt Wassen,
Man sagte uns, wir sähn es dreimal liegen
Mit seinem Friedhof, seiner Zwiebelkirche –

Gewesen, schwupp! schon wieder Bristenstock,
Die Flanke angebohrt, es tut nicht weh,
Wir fahren Karussell in seinem Innern,
Man fühlts im Dunkeln, Sonne! grüß dich Gott!
Gott grüß dich, Wassen! eben lagst du rechts,
Jetzt auch, doch umgekehrt und tiefer – sei's drum!
Wir fahren rückwärts Richtung Erstfeld, bittschön,
Auch das! grüß Gott die Meienreuß zum zweiten,
Welch wilde, prächtig schöne Schlucht, ade!
Hinein in Berg! aha? *doch* nicht nach Erstfeld?
Gedreht und wieder ausgespuckt, und wieder
Die liebe Meienreuß, und wieder Tunnel,
Und wieder Wassen, winzig links dort unten,
Mal links, mal rechts, man kennte sich nicht aus,
Wär nicht das Streichholz da, das Zwiebeltürmchen,
Wir stürmen in den Gang, zurück ins Kuppeh,
Coupé sagt nur der Deutsche, nicht der Schweizer,
So schau doch hier! nein, hier! zu albern – Wassen?
Natürlich ist das Wassen: mit dem Friedhof,
Mit all den Gleisspiralen, die wir kamen,
Den Gähnkrampfmäulern, die uns inhalierten
Und wieder von sich gaben – Nachtlicht! Tunnel!
Man sinkt erschöpft in Zweiteklassepolster,
Man muß sich zwischendurch erholen können.
Hinaus! zwei Brücken! schäumend rauscht die Reuß
Zu uns herauf und nagt und quirlt und strudelt
Erbittert um zyklopische, für uns
Recht niedliche, an zwanzig Meter starke,
Hausdicke Kieselsteine, recht so – aah:
Wir halten, der Herr Kondukteur springt ab,
Verkündend »Gööschenähn!«, jetzt kommts, hier war
Kollege Zahn vorzeiten Bahnhofswirt,
Das nährt den Mann, ich will ihn gern ersetzen,
Doch da ich das nicht darf, so setz ich mich
Und denke bei der trüben Lampe nach.

Fünfzehn geschlagene Minuten Zeit –
So lang ist dieser Gotthard, knappe fünfzehn
Stockfinstre Kilometer; Kastelhorn
Heißt zwar der Berg, doch nimmt Sankt Gotthard heilig,
Wiewohl ein Paß nur, fromm den Vortritt auf sich.
Erregender Begriff der Wasserscheide!
Wir rollen (»Glaubst dus? endlich wir einmal!«)
Im Bauch der Alpen durch die Alpen hin,
Elfhundert Meter ob dem Meeresspiegel,
Und überm Kopf an zwanzighundert Meter
Massives Felsgestein; liquide Adern
Entschließen sich in diesem Augenblick,
Wer in das Mittelmeer, wer in die Nordsee,
Wer nach Lyon will, wer nach Düsseldorf,
Wer Kiesel nagen soll in Göschenen,
Und wer im Elsaß die Turbinen speist.
Ach, immer die lukullischen Vergleiche!
Her mit dem Butterbrot! die Berge nähren
Sich offenbar von Schnell- und Güterzügen,
Die Tunnels schlingen, wie vorhin mir schien
(Von oben schien mirs so), das Doppelgleispaar
Als ein Gericht Spaghetti in sich ein –
Warum nicht wir die mitgegebnen Semmeln,
Von eidgenössischer Salami strotzend?!

Da graute es – oh Lust! der Süden zog uns
Aus unsrer Höhle, unsrer Speiseröhre,
Und hustend, denn der Bissen saß mir fest,
Rang ich nach Luft: evviva il Ticino!
Wer hat das Märchen aufgebracht, daß drüben
Stets andres Wetter sei als hüben? nichts da:
Die Sonne schien genau so warm und fröhlich,
Das Wasser quirlte, nagte, hieß nur anders,
Und kabbelte, cholerisch wie ein Spaniel,
Sich mit genau dem selben, Trumm bei Trumm
Ins Flußbett ihm gewuchteten, seßhaften,

Hausdicken Stein, dem Phlegma in Person;
Die gleichen Tannen; die Lawinenschneisen;
Bachbauten; Telegraphen; Buckelwiesen;
Und doch war etwas neu - sofort das Erste,
Das Allererste, was wir in der Südschweiz,
Dem Berg enttauchend, sahn, war neu: ein Haus,
Knallblau! ei frech! nicht minder überzeugend
Als später, in Venedigs Meerfront, knallrot
Und bis hinüber an den Lido leuchtend,
Das Eckhaus Via Garibaldi, wo wir
Des Mittags noch gegessen hatten (Suppe
Mit Daumenabdruck), einen plattgefüßten,
Vergnügten Mann bewundernd und studierend,
Der uns als Kellner diente, cameriere
Italianissimo, Goldoni-Type.

Airolo und die Schluchten des Tessintals,
Viel mehr Geröll als im gesittet grünen
Und waldigeren Norden, der Stalvedro-
Kehrtunnel, der bei Freggio, der bei Prato,
Das Pianotondo-Karussell, Faido –
Ich spar Euch das im Einzelnen, es dauert,
Wenn mans beschreibt, und braucht doch nicht fünf Stunden
Von Erstfeld bis ins Herz der Lombardei,
Nicht ein Sekundenviertel bis ins eigne:
Gießbäche stürzen, Wasserstaubkaskaden,
Vom höchsten Felsenrand und ungestuft
Zu Tal, ins Herz; es wirft sich der Tessin,
Ein Katarakt, mit Schäumen ungebärdig
Jählings zum Schlunde – schon verbucht; Maronen;
Ein Liebespaar am Weg; gezogner Wein
Als Pergola an Drähten, ungewohnt –
Sofort zu Brust genommen; Bellinzona,
Die drei verschiednen Burgen: ins Archiv!
Das weite Glitzern, hochgemute Atmen
Der Landschaft vor dem Eintritt in den Lago

Maggiore, und die Ahnung von Locarno,
Gedanken an Minister. Aristide,
Sir Austen, Gustav; Momentan-Erfolge;
Locarno-Pakt, Papier mit großem Aufwand;
Doch was hat Ewigkeit, und wer erringt sie?
Dichtbei die Ahnung eines Grabs: Minusio;
Ein Dichtergrab; Gedanken, was in Deutschland
Poeten gelten; was im Altertum;
Der Monte Ceneri; Abschied vom Flusse;
Des Zuges langes Steigen hanghinauf;
Die Ungeduld; das Fiebern nach Vicenza;
Mozart-Musik; Erinnrung an Paris;
Die Orgel-Phantasie in Notre-Dame
Beim Donnern der Geschütze – ach, unendlich
Und nie zu fassen ist Momentes Vielfalt,
Der Reichtum überreich, der in uns strömt,
Die Seele unerschöpflich wie des Wassers
Beruhigende, stete Wiederkehr.

Lugano! Abermals das feuchte Dunstblau!
Lugano Paradiso – und vorüber!
Nah ist der Urner See, die Farben sind es,
Die Palmen freilich fremd, die Flora südlich,
Die Buckelberge ein Pepita-Muster
Von Villen, Villen, Gärten, Gärten, Mauern,
Casini, Casinetti, Würfelchen
Von falbem Weiß, dazwischen zickzack=waagrecht
In Spachteltechnik ausgekratzt die Wege,
Man rollt und rollt, man schnuppert Luft und Duft,
Auf Dammes Krone fährt man durch die Wellen,
Wie erst heut früh im Zürichsee per Auto,
Ganz fern dort hinten noch einmal Lugano..
Der Monte Brè.. San Salvatore nah..
Dann kriecht die Schlange in ein Promontorio,
Schlüpft aus, beschlängelt einen Zipfel See,
Der nichts mehr gilt, legt Tempo zu, tobt ab

Und hält in Chiasso – Grenze, Paßkontrolle.
Die fabelhaftesten der Uniformen,
Kronprinzen oder Admirale sind es,
Erklettern uns, den Stempel in der Hand.
Sessanta giorni? Ja, so stehts im Visum.
Vortrag in Bielefeld, in Winterthur,
Beschneiden leider unsre sechzig Tage
Auf sechzehn. Pech! Fermata oggi? »Wo
Wir übernachten, will er wissen. Brescia.«
Verona, sagt mein Weib. O Wahrheitsdrang!
Dergleichen hält nur auf! Doch scheint zum Glücke
Das Auge des Gesetzes auch vermählt,
Stutzt, kombiniert, fixiert uns, hält das Pärchen
Für kriminell wohl nicht, dem Lächeln nach
Für Wöchner, harmlos flitternde: Giornata
Nuziale? Si! Entrata! Stempel drauf;
Das Admiralsknie gibt die Unterlage.

Dies Chiasso ist ein Alb – nicht nur weil Grenze:
Ein Alb aus Wäldern von gegitterten
Stahlmasten, Oberleitungsdraht und Zöllnern –,
In Como aber anzukommen Traum!
Flamingofarbner Oleander! Springflut
Von quicklebendig ondulierten, feurig
Die feurigste der Sprachen nutzenden,
Vokalprachtsprühenden, auf Konsonanten
Mit Zahn und Gaumen Schlittschuh laufenden,
Mit Zunge und mit Lippen pausenlos
Bewegten Italienern! Ohrenschmaus!
Wir konntens nicht so gut, so gut wie gar nichts
Verstanden wir vom Sinn, geschweige wußten
Wir zu berichten diesem Neugiervolke,
Das Anteil nimmt an Allem, mitteilsam,
Ja teilsam, Alles wird geteilt: das Brot,
Die Flasche Wein, der Kummer, Kreuzworträtsel,

Das philosophische Problem, die Zeitung,
Die Illustrierte, nur das liebe Geld nicht.

So kamen wir, halb Deutsch, halb Rotwelsch kauend,
Mit Brocken Verdi-Text und Mozart-Opern,
Französisch und Latein, nach Mailand, stiegen
Dort um und weiter gar nichts – fest entschlossen,
Trotz Dom, trotz Lionardo, trotz der Brera,
Nicht unsre sechzehn Tage an Museen,
Auf meines Vaters Spuren, zu verschwenden,
Der, wenn als Geist uns heimlich folgend, heimlich
Uns Recht gegeben hätte: Recht so, Kinder,
Man soll die Augen auf die Weide schicken,
Statt in den Baedeker und in den Burckhardt;
Drei Stunden Brescia freilich scheint mir wenig,
Doch ist es euer Leben, nicht das meine,
Und letztlich kommt es darauf gar nicht an,
Wie viel man sah! allein aufs Wie und Was,
Aufs Wesentliche, das im Herzen bleibt.

Nun, was von Brescia blieb, war mehr nicht als
Ein Generaleindruck; ein schönes Wogen
Von Menschenmassen sechs bis neun Uhr abends;
Ein Rathaus mit phantastischen Plafonds,
Phantastischen Beamten, die im Aufbruch
Zu Weib und Kind nicht etwa bayrisch brummten,
Nein freudiglich – man höre! – ihren Saal
Noch einmal öffneten, ihn uns zu zeigen;
Ein Treppenhaus, von hundert Säulen dämmernd;
Ein Platz davor, großzügig disponiert,
Antik von Wesen; heiter-ernst ein Uhrturm:
Persönlichkeit; verschiedener Barock,
In Kirchen teils und teils an Kirchen, mäßig;
Maronen zwischendurch, auch mäßig, lauwarm;
Der erste Perlschnurvorhang, Ladentür;
Sodann ein prächtiger, oblonger Platz,

Voll hohen Baugefühles modelliert,
Mit drei Bonbons an einer einzigen Seite:
Broletto, Neuer Dom und Duomo vecchio,
Ein gotischer Palast-Turm dieser; jener
Nur Kuppel und Fassade, settecento,
Zweistöckig hochgeschoßne Spargelbündel;
Der dritte klein, in seiner Kleinheit wuchtig;
Romanisch, eine ernst voluminöse
Rundkirche, die uns lockte: wiederkommen!
Sie war geschlossen, Küster unauffindbar,
Und soll uns nicht umsonst gefordert haben:
Wir *kommen* wieder! Marsch, Trab Trab zum Bahnhof.
Gepäck! bagaglio außen! grazie! Stampfend
Von Kofferlast, betret ich das Gebäude:
Die Halle leer – wo ist? schau schau, da winkt es
Aus fernster Ecke, lächelnd. Satansbraten!
Hat doch mein Weib, den Schnabel stets vorweg,
Ein weitres Greuelmärchen ausgeräumt
Und setzt den i-Punkt auf das i von Brescia,
Das Aah mir überlassend, der ich schlürfe.

Espresso! Welcher Freund in Deutschland war es,
Der mir den Bären aufband, der Caffè
Sei ungenießbar in Italien? bitter,
Sei schwarz, verbrannt, barbarisch, sei ein Hohn?
Ich, der ich weiß, wie Kaffee schmecken soll,
Genoß beglückt dies himmlische Gebräu.
Ancora un caffè! Es zischt, es dampft,
Es faucht und bebt ein unerhörtes Monstrum,
Stromlinienförmige Lokomotive,
An deren Hebeln, silbrig überchromten,
Der Maschinist, die Ärmel hochgekrempelt,
Sich, hin und her sie werfend, stemmend, kurbelnd,
Aufopfert für das Werk: kaum zwei Minuten,
So sprudelt auch bereits und niest und hustet
Der wilde Trunk mit Gluckern sich ins Täßchen.

Man nimmt ihn stehend, reißt die Lasche ab
Vom Raffinade-Tütchen, und dann schüttet
Man allen Inhalt kurzerhand hinein.
Da eben liegt der Hase beim Espresso:
Süß muß er sein wie Sünde, heiß wie Hölle
Und schwarz wie Nacht – will sagen ohne Milch.
Am achten Schöpfungstage, als der Herr
Die Kunst erfand, hat sicherlich ein Engel
Caffè gebracht und ihm gesagt, er möge
Doch neben jeder Kirche, jedem Dom,
Palazzo, Tempio, Municipio, Chiostro
Auch eine Bar erschaffen, und das tat er –
Dem Reisenden zuliebe, der, dem Dom
Entstürzend, in den nächsten stürzt, von Piazza
Zu Piazza eilend, fünf, sechs, acht Palazzi,
Zweihundert Heilige in siebzehn Kirchen,
Und Fresken! und Fassaden! Brunnen! Bilder!
Wie könnte denn der Mensch das überstehn
Und hätte nicht der Spritze, die ihm aufhilft?!

Gleich in Verona war uns wieder so –
Das Zeug hat eine ausgeklügelt feine,
Genau dosierte Wirkung, reicht genau
Für eine Kirche, eine Strecke Schnellzug,
Den Direttissimo (im Rapido,
Dem FD, der fürwahr den Raptus hat,
Normalstationen blindvergnügt durchdonnert
Und drum auch gern verunglückt, wie man liest,
Braucht man, die Angst zu dämpfen, eher Cognac;
Wir fuhren friedlich Direttissimo).
Hinaus demnach, Billett geknipst, fermata,
Und vor dem Bahnhof in den Filobus,
Die Gummistraßenbahn, die Reifen-Tram,
Die vors Hôtel uns brachte, vors Albergo,
Die Gabbia d'Oro, deutsch: den Goldnen Korb.
Rund fünfzehn Mark verschlang das Ehebett,

Das wir erhandelten an steinerner,
Metallverbrämter Theke, lussurioso
Wie stets die Theken hier, Visitenkarten,
Die auf ein herrlich funkelnd nagelneues
Appartamento schließen lassen – kurz:
Es war von Achtzehnhundertachtundsiebzig,
Doch sauber, das genügt, und kein Geziefer.
Denn überhaupt: in diesen sechzehn Tagen
Hat niemand uns gemückt, erhüpft, erkrabbelt,
Besogen oder sonstwie angezapft.
Wenn jemand zapfte, waren wirs: Espresso!

Schnell ausgepackt, auf daß wir zapfen konnten!
Und nicht allein die Labe lockte uns:
Mehr noch das Licht (es war ja Nacht inzwischen),
Mehr noch das Leben, das Gebrodel draußen,
Denn düster wars hier drinnen; düstre Gänge,
Pro hundert Meter eine Funzel, führten
Zu unsrer Camera im vierten Stock,
Auch sie von einem Birnchen schwach erhellt,
Und selbst das Fenster ging auf schwarze Gassen,
Dahinter aber schwelte Waberleuchten
Wie Opernbühne fast, wie Götterdämmrung
Mit Bratwurst, Harlekin und andren Dämpfen.

Die Piazza Erbe! Bühne in der Tat!
Dreieckig langgestreckt, antikes Forum;
Scheinwerfer-Flutlicht, dunkel flutend Volk;
Chromlimousinen; Renaissance, Barocco,
Tiroler Einschlag, mit Venedig kämpfend,
(Der Markuslöwe golden auf der Säule,
Ein erster Gruß!); schlankhoch der Rathausturm,
Bis oben angestrahlte, steile Kühnheit;
Zur Seite über Gassen Bogentrakte,
Ins Dunkel führend, nein: in tolles Mondlicht,
Ein zweiter Platz, die Piazza dei Signori,

Auch sie ein Bühnenbild, auch sie ein Wunder,
Und stolz nicht minder, minder heiter, ernster,
An das Geschlecht erinnernd, das hier herrschte,
Ein ungemütliches, ein willensstarkes,
Die Scaliger, die man von Zeit zu Zeit
Ermorden mußte, wenn genug gemordet,
Genug gebaut war: ungeheure Mauern,
Zum violetten Himmel tragisch wachsend,
Betrachten mißvergnügt (es sind ja schließlich
Gerichtsgebäude) eine Außentreppe
Im Innenhof, und in sie nieder wieder
Schaut aus der Piazza Erbe recht ironisch
Der Rathausturm mit seiner Schattenfront,
Umdampft von achtzigtausend Watt, je Lampe
Je tausend ganz genau. Dazu das Singen,
Das Dudeln, Murmeln, Schwätzen, Klingeln, Hupen
Dort drüben, wo das Völkchen Wein trinkt, plaudert,
Politisiert, scharwenzelt, flirtet – hier
Das Schweigen der Jahrhunderte, der Traum..

Hier schweigt selbst das Café, ein sehr berühmtes,
Das einen Dichter zum Patron sich kor –
Groß nennt die Welt ihn, der humorlos war.
Wir treten ein und finden: Magdeburg,
Natürlich, unverkennbar, Café Dom,
Die Wiener Plüsch-Importe, vornehm-teuer,
Von Gas diffus erleuchtet, hundertsechzig
Zeitschriften und Journale bietend, gähnend,
Weil reichlich leer. Ach ja, da saß ich Tage,
Tee schlürfend mit der ersten meiner Flammen,
Saß Wochen, Monde, saß ein ganzes Jahr,
Mit der nicht schlecht begüterten Bellezza
In literarisches Gespräch verstrickt –
Unförderlich der Liebe. Café Dom..
Dies hier heißt Caffè Dante. Literaten
Sind auch schon da, man sieht es, Sammet-Jacken,

Amerikanisch Lumberjack – na schön.
Sie erbte Kali-Aktien.. in Paketen!

Und um der Stimmung etwas aufzuhelfen,
Bestellten wir Cassata, fromm vermutend,
Sie müsse hier, im Schatten dieses Dante,
Unglaublich sein, inesaudito! – aber
Die miserabelste Cassata aß ich
Beim Italiener in Italien – niemals,
Nie-*mals* das wieder uns! Erbittert schritten
Wir stolz verletzt von hinnen, fort vom Denkmal
(Nie wieder les ich eine Zeile Dante!),
Umbogen aufgebracht den nächsten Trumm
Zyklopenmauer (und dazu die Preise!),
Doch schnell verflog der Groll: ein Platz, ein dritter!
Zwar nur ein winziger, genau besehen,
Ein Winkel nur, indessen (jetzt, Kollege,
Kommt mir ein Vers, der dich erbleichen macht!),
Nur Straßenbucht, indessen: was für eine!
Schneeweiß vom Mond berieselt in dem Rücksprung
Zur Flanke der romanischen Maria
Antica und dem Campanile, türmten
Sich in der freien Luft, in luftiger
Architektur von Säulen und Podesten,
Von Bögen, Schmiedegittern, Dächerchen,
Die Gräber der Familie Scala, ritten
I Scaligeri, fabriziert aus Stein,
Absonderlich in Mänteln und Kapuzen,
Horrend zu Pferde sitzend, durch die Nacht –
Hintüber nämlich, kein Cavallo mag das,
Zumal wenn selbst in Schonbezügen steckend.
Ich mochte es, denn lustig sieht es aus,
Auch die Vermummung lustig dieser grimmen
Blutsäufer aus der Gotik, des Can' Grande
(Deutsch: Großer Hund) und des Mastino gar
(Deutsch: Fleischerhund), von jeder Sorte zwei,

DER BALKON FLIEHT MIT ROMEO & JULIA AUS VERONA

Macht vier, dazu Can' Signorio, fünf,
Hund Oberherr – ein wahrer Metzgerladen
Muß dies Verona einst gewesen sein!
Mein Fall ist nicht das Tre- und Quattrocento.

Die Metzgerläden hatten übrigens,
Wie alle Läden, noch um Mitternacht
Ganz öffentlich geöffnet, als wir, trunken
Von milder Luft und viel Valpolicella,
In Richtung Piazza Brà, Anfiteatro,
Durch Straßen ohne Autos, ohne Bordstein
(Das Pflaster Marmor!), im Geschiebemergel
Der massenhaften Menschheit froh flanierten.
Da hingen massenhafte Sorten Würste,
Rothäute, Japanesen, kalkig weiße
Salami, Schinken, Weinkorbflaschen, Gurken
Von Säuglingsgröße, Peperoni, Knoblauch
In Bündeln einfach an der Decke, schreiend
Neapelgelb Melonen, und die Väter,
Bambini auf den Armen, kauften ein.
Arkadische Bambini habens besser
Als deutsche Kindlein. Früh zu Bett? bewahre!
Schad um die schöne Zeit! da spielt man! schleicht sich
Braunäugig katzenhaft durch Männerbeinwald,
Das sind die Ladri, und die gellenden,
Die wie die Alten fluchen, Trillerpfeifen
In Prachtgebissen, die Sergenti – piano,
Pianissimo.. Ein Piccolo-Sergente
Examiniert uns, die wir pantomimisch
Taubstumm zu sein beteuern, und erblindet;
Gefährlich ists, die Unterwelt zu reizen,
Die – ecco! – schon erspäht, alsbald entflitzend,
Am Prellstein kauert: selbstverständlich Marmor!
Wohin man schaut – das ominöse Häuschen
Sogar von Marmor statt von Blech! die dünnen
(Bei uns zulande dünn gußeisernen)

Sperrpfeiler vor den Gassen, zwei, drei Pfeiler,
Sind dicker Achtkantmarmor, schön behauen,
In Kuppeln endend, sommersprossig blond,
Einsprengsel rötlich – und erschöpft von Marmor,
Hysterisch fast, erreichen wir zum Schlusse,
Nachdem uns die Arena nicht befriedigt,
Die Gabbia d'Oro, um in Morpheus' Arme
Zu sinken. Lieber Gott – die Theke: Marmor!
Der Schlüssel aber (Himmel, Dank!) ist Stahl;
Dafür der Schlaf dann wieder marmelsteinern.

Dies war der erste Tag: Stäfa–Verona.
Der Brief wird lang – und vor uns noch zwei Wochen!
Ich werde, sie in Kürze abzuhandeln
Mir Mühe geben, doch versprech ich nichts.
Man plauscht halt gern. Und obendrein war alles
So prall von Leben, nicht von Marmor nur,
Daß *uns* zumindest Langeweile nirgends,
Im schlimmsten Falle ein Lokalverdruß,
Erschöpfung oder Ähnliches beflog.
Da raff ich dann, besorgt um Euer liebes,
Kostbares Mitgehn, den Bericht – ich kann ja
Aufmerksamkeit nicht, Goethen gleich, erzwingen
Durch krassen Nimbus, i der fehlt mir, kann
Auch nicht wie er mir denken: nun, wer kennts schon?
Ihr kennt die Brücken besser von Verona
Als er und ich, kennt Berg- und Stadtkastell,
Die schlitzgeschweiften Zinnen, kennt die Tobsucht,
Mit der die Etsch in steinernem Gefängnis
Dahinschießt, auch die Rebenberge kennt Ihr,
Von langer Mauer überhüpft und Türmen –
Wie Solokantilene, Takt für Takt
Von mächtigen Akkorden unterfangen.
Sant'Anastasia, Duomo, Vescovado,
San Giorgio in Braida, wozu Euch das
Beschreiben? Aber kennt Ihr San Lorenzo,

Palazzo Bevilacqua gegenüber?
Im Baedeker besitzt er keinen Stern:
Ein kleiner, schöner Raum, armonico,
Romanisch, weiß und rötlich quergestreift,
Mit Leitern vollgestellt, mit Maurerbütten,
Leer von Gestühl, von Weihrauch und von Leuten –
Ha! wir! Tedeschi! gaben ihm den Orden
Vor mancher andren Kirche! souverän!
Er tat uns wohl, er sprach uns plastisch an
Mit Staub und Einsamkeit, ach unvergeßlich
Die Atmosphäre dort! Ja nun, so fragt Ihr,
Und was ist mit San Zeno? Gar nichts ist.
Wir waren gar nicht da. San Bernardino
(Total egal, gemessen an San Zeno)
Beäugten wir statt seiner, in dem Glauben,
Er sei es, merkten zwar, er ist es nicht,
Doch war die Zeit vertan, die streng bemeßne –
Mit hübschem Weg durch eine stille Vorstadt;
Mit Kreuzgang und Cappella Pellegrini
(Sehr schön, insofern wirklich nicht vertan);
Mit sorgenvollen Blicken auf die Uhr;
Gewaltmarsch, um den Filobus, den letzten
Noch möglichen, stadteinwärts zu erreichen;
Gezahlt, gepackt, auf Piazza delle Erbe
Noch kurz gewartet, drei Minuten höchstens,
Bis uns die Gummi-Gegentram erschien;
Gesehen, daß der Platz kein Dreieck ist,
Viel eher abgeecktes Lang-Oval,
Und daß selbst Autos hier auf Marmor fahren –
Der niemals leer bleibt: Buden, wimmelnd Volk,
Fruchtstände, Eierkisten, Fisch, Papier,
Auf Stangen Schleiereulen feilgeboten,
Die müde blinzelten. Da hielt der Bus,
An Drähten Spannung tankend (daher Filo),
Lautlos grün-weiß das Bild in toto löschend,
Und rollte Richtung Bahnhof mit uns ab.

Ich weiß Euch tief entsetzt: San Zeno! weiß,
Daß Ihr das Haupt verhüllt. Beruhigt Euch.
Stern hin, Stern her, ist es nicht wundervoll,
In jeder Stadt ein Etwas noch zu haben,
Das einen schmerzt und zieht? und nach Verona
Zieht eines Tages uns der sanfte Zeno.
An jenem Tage konnt ers nicht: Vicenza –
Dagegen ist der stärkste Heilige machtlos.
Vicenza hätten wir versäumen müssen,
Weil hinterm Horizont Venedig lockte,
Und nicht nur lockte, sondern streng befahl:
Ihr kommt heut abend! Ein Termin-Magnet
Riß uns hinweg; was oberflächlich aussieht,
War hochdimensionierte Liebe, war
Mit knappen Worten der Zentralbahnhof
Der ganzen Reise, eigentlicher Anstoß:
Die Mostra Tiepolo, ab morgen schon
Definitivamente aus, geschlossen,
Versäumt auf ewig! Nichts als hin demnach!
Ich bitt Euch: Tiepolo, mein Gott, mein Heros,
Der nächste Aszendent des Kammerherrn,
Wird ausgestellt, komplettes Riesen-Œuvre,
Soweit nicht immobil plafondgebunden,
Und ich soll nicht dabei gewesen sein –
Um einer Kirche willen, die wahrhaftig
Uns nicht davonläuft? O das könnt Euch passen!
Nein nein, Ihr Freunde, Diktatur in Ehren:
Die Kunst ist jedermanns Privatvergnügen.

Ach, wär sies nur! doch wird sie mit erobert,
Wenn Staaten sterben; wenn man Völker umbringt,
Raubt man Museen aus – bis an das Grab
Werd ich mich sehnen nach den Dresdner Wundern,
Der Wildschweinjagd von Rubens, von Giovanni
Battista Tiepolo nach Amphitrites
Berauschendem Trionfo (den im Krieg ich

Als Glanzabzug, ich hab ihn noch, nach Frankreich
Mir kommen ließ, die Phantasie zu spitzen
Für meines dicken Buchs Apotheose),
Nach Canaletto, Poussins Reich der Flora,
Dem Claude Lorrain und nach Giorgiones Venus!
Wie tief greift Kunst ins Herz! man weiß es erst,
Wenn sie zerstört ist oder so entschwunden,
Daß jeder Zugang, jeder Austausch fehlt.
Giorgiones Landschaft, Landschaft Tiepolos,
Venedigs terra ferma: draußen fuhr sie
Beglänzt am Direttissimo vorüber –
Oktoberlicht; der warme Ockerstein;
Voralpenberge, obenhin bewaldet,
Nackt bis zum Gürtel, kreuz und quer besponnen
Wie von Altweibersommer: rankend Reblaub;
Scaligerburgen, jeden dritten Eckhang
Mit steilen Mauern zügig aufwärts kletternd;
Am Kamm mit einem Pinselhieb die Villen
In Duft gesetzt; Schneegipfel fern dahinter,
Ein bläulich Glitzern; vorne Mais in Feldern,
Drei Meter hoch, in Gassen abgeerntet,
Begilbt und raschelnd unterm Sichelschnitt;
Die Schnitter bunt, braunhäutig, weißgehemdet;
Und hunderttausend Maulbeerbäumchen, doppelt
Gereiht am Bachlauf, jedes einzelne
Mit tausend saftigen, tiefgrünen Zweigen
Nach oben strebend, akkurat frisiert
Rings um den Knubbelstamm – o Freunde: Sitzen
War da unmöglich, denn wir saßen rechts.
»Aussicht meist links«, erklärt der Baedeker,
Und ergo standen wir, von Glück betäubt,
Im Gange; aber wenn michs je gejückt hat,
Strafwürdig-Ungesetzliches trotz Plombe
Und rotem Warnlack zu begehn, dann hier:
Notbremse ziehn! aussteigen! Maler werden!

È vietato tutto.. Ausgestiegen
Sind wir gesittet da, wo fahrplanmäßig
Nach italienischem Normaltarif
(Ein Exemplar auf je drei Viertelstunden)
Der nächste Marmorbahnhof liegt: Vicenza,
Beliebter Knotenpunkt – weshalb der Marmor
Auch gänzlich neu war und mein Zeigefinger
Post Bombenfestum durchaus recht behielt,
Den ich im Krieg mit leichtem Zittern über
So manche Generalstabskarte führte
Und fürchten mußte, da die Front sich nahte,
Es werde nebst dem Knoten all das Schöne,
Weil eng benachbart, hingewüstet werden.
Ich messe den bescheidenen Gebeten,
Die zu Vicenzas Gunsten ich gemurmelt,
Den, wo nicht ausschlaggebenden, doch starken,
Erklecklich starken Anteil aber dem zu,
Mit welcher Inbrunst ich mein Flehn gesteigert,
Daß Valmarana und Rotonda heil
Der Höllenrumpelglut entrinnen durften.

Die Stadt, da ruhte sie am Wiesenanger,
Entfernt kaum fünf Minuten; Hitze war;
Und Essenszeit; und ausgestorben alles;
Und nicht das kleinste Zögern kam uns an:
Erst Tiepolo, dann Atzung, dann Palladio!
Ich möchte glauben, Giambattista habe
In seinem Grab entweder zu Madrid,
Vielleicht auch oben im Oktoberhimmel,
Die Augen sich gewischt vor lauter Rührung,
Daß die Stranieri nach Gepäckabgabe
Und Schnell-Caffè durchaus sofort zu ihm,
Zu seinen Wand- und Deckenfresken wollten,
Zur Villa Valmarana, nicht ins Wirtshaus.
Nachwelt ist liebenswerter oft als Mitwelt,
Die plötzlich Mengs bevorzugt. Ja, die Mengse..

Da tut die Nachwelt unbeschreiblich wohl,
Zumal die raffaelischen Gemengsel
Dann radikal endgültig tot sind. Frisch denn!
Die Bahn gequert, den Berico erstiegen,
Den steil mit Katzenkopf gepflasterten,
Mit Bogengängen kurorthaft gesäumten,
Ganz dummen Wallfahrtsberg! Bei jedem Schritte
Entrutschten in Ermangelung von Treppen
Die Haxen hinterwärts – elende Art das,
Den Pilger abzuhalten von Madonna
Del Monte! die uns gar nichts anging! – aber:
Sind wir nicht Katholiken, sind wir Preußen.
Für hirnerweicht sahn unterm Schattenbaum
Ein paar Arkadier uns gewißlich an,
Die wir zur Höhe keuchten, und mit Recht:
Nicht oben nämlich war der Blick am schönsten,
Beim Rückweg merkten wirs. An jener Kreuzung,
Da wir beim Hinmarsch, ohne umzuschauen,
So tief und halb verzweifelt uns verschnauften,
Da wars! wir hättens billig haben können.
Je nun! dann eben jetzt das Panorama:
Mit all den Vicentiner Ziegeldächern,
Dickpfannig rostrotbraun, grau erdbeerfarben,
Zwei Dutzend Sepiatönen, Steingelb, zehn
Verschiednen Grüns, Goldmarmor, Türmen, Kuppeln,
Dem Riesen-Bleidach der Basilika
Und mit dem herrlichsten der Campanili,
Auffahrend in das Märchenhafteste,
Was an Azurblau je erfunden wurde –
All das vor hingezählt grün oxydierten,
Vulkanisch abgeflachten Kegeln. Pudding
Sieht, wenn gestürzt, so aus. Die Wade schmerzte.
Und selig schwebte, fast nur Schneefeld-Ahnung,
Das Hochgebirge über rauchig zarten
Trennschleiern, die das Ebene ihm schickte.

Was ist der Mensch doch für ein bresthaft Wesen!
Allüberall tritt immer irgend etwas,
Um Löhnung maulend, in den Streik; der Muskel,
Wenn unabkömmlich, weigert den Gehorsam,
Und wenn es gar nicht paßt, verlangt ein Knurren:
Wo ist die Wirtschaft? wo sind die Spaghetti?
Just vor der Villa eines Dichters knurrt es,
Längst tot zum Glück, und trotzdem war mirs peinlich
(Was muß Herr Fogazzaro denken? schäm dich!).
Wir wandeln weiter, hinkend; mittlerweile
Gebiert die Wade Wut, der Knöchel Hitze;
Des Weges Mauern schließen sich zusammen,
Von Efeu überwachsen; Pinien wölben
Sich zwischen aufrecht träumenden Zypressen,
Das Gras greift nach dem Pfad, der Pfad sinkt ab,
Eidechse huscht, der Rasen wird zum Buckel –
Doch nirgends, wo das weiße Kleid zu setzen,
Das die Gemahlin trägt, denn herb ist leider
Und für Äonen haftend Wiesenfarbstoff.
O Einsamkeit, o still verlaßne Schlucht
In lauter Gärten – oh! der Muskelschmerz!
O Tütenblau! was ist denn nun wohl dies?
Die Rettung wars! der Aufdruck auf geknülltem,
Sonst aber ziemlich sauberem und starkem
Papier-Zementsack – edle, edle Spende!
Und edles Weib! in frommem Dankbedürfnis
Ward aller Tascheninhalt umgestülpt
Und wider jegliche Wahrscheinlichkeit
Ein Brötchen noch mit eidgenössischer,
Vor Eifer transpirierender Salami,
Ein Riegel Schokolade, gar ein Apfel
Zu Tag und Mund gefördert und zu Magen.

Wir hattens nötig. Wirtshaus gab es keines,
Ringsum nicht eins! Und daß wir warten mußten,

Weil der Herr Graf bei Tafel saß ganz nah
(Im Fremdenhaus der Valmarana er
Bei dampfendem Gericht im niedrig langen,
Von außen überrankten, innen aber
Al fresco satt bemalten Gastlogis,
Wir Wand an Wand dichtbei im Porticus,
Gekrümmt vor Hunger): hätt uns hingestreckt!
›Zwei Deutsche tot in Loggia aufgefunden..
Um Tiepolo gekommen, Bildungs-Opfer..‹
Schlagzeile sondergleichen! Doch so kurz
Vorm Ziel hat uns der gute Gott nun doch
Nicht haben wollen, nein, wir sahen Alles:
Mavors und Venus, als das Schönste hier,
La Stanza dell'Olimpo! und Apollon!
Diana mit dem Achtelmond im Haar;
Die Bauernszenen von Domenico,
Dem Söhnchen Giambattistas, knapp zehnjährig,
Wenn man der Kunsthistorie trauen soll,
Der älteren, die falschen Daten folgte;
Den Garten dann, schmal hanghinauf gestreckt;
Und endlich sie, die Palazzina, Gutshaus,
Der Felder Mittelpunkt, nicht groß, zweistöckig,
Mit blätterndem Bewurf, die Tür gerahmt
Von Steinlisenen, kein Balkon, am Dache
Bescheiden ziervoll überm Wappengiebel
Drei mythologisch-plastische Figuren –
Mit einem Wort: bukolisch! wenig Aufwand
Und trotz Barocco seit antiker Zeit
Zeitlos antik vorhanden. Schon hier draußen
In dieser Sonnenstille war Vergil uns,
War uns Homer, war Tasso, war Ariost,
War eine Welt von Dichtung gegenwärtig,
Vergil jedoch zumeist – wie denn erst drinnen!
Die Räume sind ja klein, die Fresken hell,
Von silbrig-milchiger Palette stammend
(Im Gegensatz zu unten), geistiger,

Den Himmel der Antike ausgenommen,
Und zaubrisch nicht allein nach ihrem Vorwurf.

Doch wie beschreiben, was ein Maler schreibt?
Auch Farben dichten, Farben tönen, Farben,
Indem sie aufgetragen werden, bannen
Verfestigend ein Flüssig-Flüchtiges,
Halb Seele, halb Gedanke, wie auch wir tun,
Und tuns auf ihre, ganz geheimnisvolle,
Ganz eigne Weise, ohne aus den Grenzen,
Die Gott den Künsten setzte, auszuschweifen
In andre Kunst; zwar manchmal fließt die Grenze,
Dann scheint es so (und mehr als Schein ists nie),
Als könne man hinüber, könne etwas
Hinzu noch fügen – nichts fügt man hinzu,
Mit Worten nichts! Wer Schleier aufhebt, nimmt,
Und wer da sagen will, wo Ungesagtes,
Nicht mehr Gesagtes in des Rätsels Zungen
Allein durchs Auge redet, der zerstört.
Das Eigentliche – wer wills greifen? greift es
Der Künstler selber denn? wenn überhaupt,
Wirds faßbar nur durch Form; und gleichwohl schwebt es
Für den, der schaut und horcht, und nachhorcht, nachgeht,
Unfaßbar jenseits dessen, was ihn Linien,
Akkorde, Reim und Metrum, Dissonanzen,
Gesims und Pfeilerstellung ahnen machen;
Und Ahnung erst, dann Ehrfurcht, endlich Staunen
Eröffnen Kammer hinter Kammer, dämmrig
Verborgne Gänge in des Tempels Herzraum,
Aus dem das Licht uns ward. Das Licht ist mystisch,
Unübertragbar schimmert es und lischt,
Bei Jedem anders und zu andern Zeiten;
Vielleicht Sekunden; weniger vielleicht;
In solcherlei Sekunden aber neigt
Gott Chronos schauernd seine Sanduhr waagrecht
Und zählt sie nicht. Denn wer zählt Ewigkeit?

Eternità.. Vergessen, Freunde, war ich
Mir selbst und Euch, der Welt und dem, was Welt ist,
Und unbenannt muß, in des Schweigens Hülle,
Das Letzte bleiben. »Zaubrisch« war vorm Letzten
Das letzte Wort, ich wiederhol es gern,
Einmal um meine Stimmung auszupendeln
(Ergriffenheit strengt Nicht-Ergriffne an),
Zum zweiten, weil in durchaus leichtrer Absicht
Die Wirkung dieser Fresken zaubrisch ist:
Zaubrisch museumsfern! gedacht zum Wohnen,
Bewohnt seit alters, heute noch bewohnt,
Auch wohl verwohnt zum Teil, gerissen, kricklig –
Und dies, obschon im Kriege sie vor Bomben
Geborgen wurden. Technisch unbegreiflich,
Erregt mir das Verfahren höchste Achtung,
Vermischt mit Gruseln – was der Mensch doch wagt!
Vom Malgrund losgeweicht, wie Abziehbildchen
Auf Leinenballen umgekehrt gebettet,
Getrocknet, eingerollt davongefahren,
Den Eigner namens der Nation vor nacktem
Gemäuer quasi nackt allein gelassen –
O schrecklich, schrecklich! aber Hut ab! ja!
Man sagt (ich weiß es nicht), die Farben hätten
Gelitten kaum, sie seien um ein Spürchen
Verblaßt (o bitte: keinen neuen Krieg mehr!),
Und in der Tat: sogar die Krickel waren
Genau da, wo zuvor. Sie störten nicht.
Viel eher störten wir (es wäre denkbar),
Besucher, Fremde, die im Wege standen,
Da man mit Eifer Stühle räumte, Stoffe
Entbreitend vor den Augen des Padrone,
Der einen Sacco plante und um uns
Genau so wenig sich bekümmerte
Wie um die Seinen, die ihm raten wollten –
Sic rebus stantibus, beim Zeus, das Aller-
Vernünftigste, was sich nur immer tun ließ!

Weltruhm im Haus zu haben, muß bedrängend,
Muß lästig sein, zumal auf mancher Stirne
Gewiß als kleines ablesbares Zucken
Der Märchenwunsch erscheint: einmal hier wohnen,
Als Gast hier eingeladen jeden Morgen
Ganz ungezwungen dies und das und jenes
Betrachten können, mittags Agamemnon,
Wie ihm Briseis zugeführt wird, abends
Der Thetis mütterlichen Klage-Ausdruck,
Spät nachts, die Lampe in der Hand, noch unten
In der Foresteria schlafen gehend,
Vor dem gemalten Treppenlauf erschrecken
Und vor des Mohren dampfendem Tablett
Voll Mokkatassen! lebensechte Täuschung!
Ist dies auch Neid nicht: taktvoll sei der Fremde,
Sei dankbar und verlege seinen Dank
In eine winzig angedeutete Verbeugung,
Dies möglich macht, daß sie der Graf bemerke
Und nicht bemerke, nicht erwidre, nicht
Den Kopf aus Iphigeniens Wandbild nehme
(Besitzer immerhin), nur konstatiere:
Sie wissen meine Liberalität,
Corpo di Bacco! immerhin zu schätzen.

Mit dieser Artigkeit verließen wir
Den Nobile, der sich vor Dido eben
Und dem ihr präsentierten, zögernden
Mißtrauischen Cupido (wundervoll
In Haltung und in Blick!) die Sigaretta
Entzündete, verließen Haus und Fresken,
Durchquerten schweigend Gartenweg und Torbau
Und taten stumm ein Gleiches: rauchten wortlos –
Was wir gesehn, bedenkend; Ordnung schaffend;
Buch führend in der Seele, die erfüllt war
Von jahrelang erträumter Lustschau.. – Pause,
Herr meiner Seele, eine kleine Pause,

Eh du den nächsten Gipfel mir zumutest!
Und auch die Wade freute sich, zu sitzen.
Der Knöchel dampfte, die Rotonda lockte.

Und plötzlich lag sie da, ein Arsenal
Von Ziegelpfannen, runder Hirtenhut
Auf eckigen, gedrungen festen Schultern;
Umwaldet Brust und Gürtel, eingesunken
Das Ganze tief in ein unendliches
Fruchtparadies, schräg unter uns gebreitet;
Saatfurchen, rifflig ungezählt enteilend;
Mit zahllos parallelen Maulbeerschnüren
Zusammenstrebend vor dem weißen Bleiglanz
Des fernen Südosthorizontes; rötlich,
Breit mit dem Daumen hingemalt dazwischen,
Ein zwei drei vier Gehöfte; zwei drei Mauern
Querein geritzt, Azzurro drüber, ecco!
Die Selbstverständlichkeit und Sicherheit,
Mit der die Italiener solch ein Bauwerk
In Luft und Erde setzen – herrlich! Herrlich
Das Urgefühl, mit dem sie jeden Hohlweg
Ausbeuten und benutzen, jeder Knickung
Die eigne freche Handschrift geben, Stufen
Hinab in Landschaft fügen, Landschaft kennen
Und selbst den muskelschmerzverzerrten Wandrer,
Als hätt er Flügel wie der tiepoleske
Merkur, vors Doppeltorhaus winken: prego!
Tritt ein und schreite aus, auf Katzenköpfen,
Was hast du? etwas steil hier, unter hohen
Platanen, die dir Schattenkühlung spenden,
Stallungen rechts und links, bis an den Rasen
Darfst du und weiter nicht; den besten Eindruck,
Nicht wahr, erstaunlich! hattest du von oben,
Frontalblick zeigen dir die Bücher, vierfach
In Architektenspielerei der gleiche
Antike Giebel, über gleichen Säulen

Allseitig vorgepappt, genieß die Schrägsicht,
Die Feder da heb auf, dein Hütchen lüfte
Und steck sie an, Graf Valmarana nimmt es
Als Höflichkeit, ja ja, das ist er, doch:
Er spielt dort Pingpong vor der Ost-Terrasse,
Eh daß er wieder in die Felder fährt,
Sahst du sein Auto nicht? du aber geh nun,
Am besten auf der Straße, nach Vicenza –
Dies war ja nur ein Vorgeschmack Palladio,
Wennschon ein sehr berühmter, zu berühmt,
Die Leute wissens halt nicht anders – come?
Den Kuppelsaal besichtigen? bedaure,
Ganz unbewohnt, man öffnet nicht, weil zugig.
Der Mann hat eben Kunst gebaut, das rächt sich:
Schön für die Augen, aber ungemütlich.

Ein lebenswahrer Satz! Bei uns zu Lande
Heißts »Umgekehrt ist auch gefahren«: unschön
Und treu gemütlich wohnen die Tedeschi.
Genug davon. Gefahren sind wir nicht,
Kein Eselskarren, keine Limousine
Hielt an vor uns, dem wahren Bild des Jammers:
Im Knickmarsch auf der staubigen Chaussee,
Und so dann in die Stadt, dreibeinig Pärchen!
Und nirgends Apotheken! nur Palladio,
Denn jedes fünfte Haus dort ist Palazzo
Und, wenn Palazzo, palladianisch meistens.
Woher ich das nun wieder weiß? ex ungue!
Leonem: an der stolzen Säulenordnung
Erkennt man eines Löwen-Architekten
Höchst anspruchsvolle, nicht bequeme Handschrift.
Es macht ihm gar nichts aus, die kleinste Front noch
Vierstöckig hochzuziehn, zwei Fensterachsen
Mit Kolossal-Pilastern bis hinauf,
Beleibten Mauertiefen, quer durchladen
Von schattendem Gebälk, Gesimsprofilen,

Rücksprung und Kröpfung – Alles groß gedacht,
Sehr groß bis übergroß, antikisierend,
Ergebnis eines rechnenden, belesnen,
An Zweifeln reichen Geistes, der das Halbe
Als Lösung streng verwirft. Fünf ist nicht grade,
Nicht jedenfalls für ihn, den Klassizisten,
Dem eins zur Klassik fehlt: das Element
Des Fröhlichen und Leichten, denn er scherzt nicht.
Er baut Latein, gewaltige Perioden
Von oratorischer Plastizität –
Und manchmal ganzen Unsinn, manieristisch,
Zufrieden nie, stets anders als die Andern,
Ein ewig Ringen um das Unbedingte,
Das von der Nachwelt, wie bekannt, geliebt wird
Und schnell auf Nachwelt kommt; durchaus natürlich,
Sie muß ja nicht drin wohnen, blickt empor,
Bewundert es und humpelt weiter – nächste
Monumental-Fassade! Stütz mich, Weib!

Was aber sah ich da!? Noch nie hat mich
Ein Kunstwerk derart magisch angezogen
Wie dies von kochender Muskulatur
Wahrhaftig heiß ersehnt=gesucht=verfehlte,
Von hundert mitleidvollen Vicentinern
Mir neu und neu beschriebne, wirklich neue,
Nein hyperneue Prachtstück unter goldig
Beglückenden, auf Marmor applizierten
Versal-Antiqua-Lettern: FARMACIA!
Mein Fuß, mein lieber süßer kranker Fuß,
Ist leider (oder, wie mans nimmt, zum Glücke)
Kein Werk Palladios, keine Säulenbasis,
Die etwas aushält – Gott, was bin ich froh,
Daß er mich nicht entwarf! und ganz besonders
Mein Köpfchen nicht! die Attiken sind schwach:
Verkümmert über viel zu breiten Schultern,
Glatzhäuptig, mißgelaunt, oft in Baluster-

Stehkragen eingezwängt! und flach gestirnt!
Oh, lieber leiden als massiv sein! lieber
Zum Apotheker gehn und essigsaure
Tonerde kaufen, als von Professoren
Der Kunstgeschichte abgeklopft zu werden –
Mein Füßchen klopfte innen, von alleine,
Ein sozusagen tief verinnerlichter,
Ein Dichterfuß kurzum! Und diesem Dichter,
Was selten vorkommt ganz im Allgemeinen,
Gebrach es an der Sprache. Schöner Laden,
Bot sich die Herrlichkeit der Medizinen
Auf edlen Hölzern dar, auf Glas und Marmor,
Die Tuben, Röhrchen, Schachteln, Dosen, Fläschchen,
Und dann die Regimenter von Flacons,
Durchsichtig braun, gigantischen Formates
Bis unterhalb der Decke auf Regalen
Andächtig aufgereiht, die bauchigen
Mir lächelnden Matronen, alkoholisch
Voll Wässerchen, Tinkturen, Emulsionen,
Benzina, Watte, Pulvern, Pillen: una
Ex illis hatte essigsauren Inhalt,
Bestimmt! man sollte Italienisch lernen,
Es zahlt sich aus. Ich bat auf deutsch: vergeblich,
Vorbei die Zeiten Österreichs, Lombardo-
Venetien, ach, seit Königgrätz vorbei!
Revanche pour Sadova an Preußens Enkeln!
Kein Mensch verstand mich. Eins zu null für Frankreich.
Die Angestellten stahlen sich heran,
Scheu hilfsbereit, und hielten miteinander
Kopfschüttelnd Kriegsrat: un straniero.. Andre
Entließen mit Beschleunigung den Kunden:
Der fremde Falter lockte. »Est-ce qu'il y a
Quelqu'un qui parle français?« Betretnes Schweigen.
»Francese? nemo?« Eins zu eins. Die Gattin
Probierte es auf englisch – Fehlanzeige.
Nun denn: coraggio! raffe, deutscher Held,

Dein Hosenbein und deine kargen Brocken
Arkadischen Idioms! »La mia piede..«
Zehn Köpfe gingen teilnahmsvoll zu Boden –
Aha! »Vedetela«, pfui, das war Operntext!
Vertracktes Lei! bei Mozart heißt es Voi,
Ich lerns nicht mehr! »È calda la mia piede.«
Jaja, recht schön, ein warmer Fuß, was weiter?
Vokabel für den Knöchel! vacat. »Questo
Fa male.« – Qui? – »Si! qui!« Die Kunden sammeln
Sich abgefertigt um die Szene des
Geeinten Parlamentes von Europa.
Was tun? »Che far? Comme ça!«, mit Zeichensprache
Umwirbelt meine Hand den Sitz des Übels –
Ah, das gelang! naturalmente: un' benda!
Die Binde! wundervoll! benda die Binde,
Ich hätt es wissen können, furchtbar einfach!
Man breitete zur Auswahl ihrer zwei
Vor meine dankerfüllten Augen – »grazie;
Ed acqua poi« (zu albern: essigsauer,
Das kommt sogar bei grimmigstem Verismo
Bei Verdi weder noch Mascagni vor;
Latein? vergessen. Mein Französisch gab mir
(Vinaigre..) keinen Anhalt, (sauer? sur?)
Ich fand die Wurzel, die gemeinsame,
Der beiden Sprachen nicht – Verzweiflung!) »acqua..«
Und schloß mit resigniertem Achselzucken.
Man zeigte (acqua pura?) auf den Kran,
Man machte ihn gar plätschern. »No: in fiasco!«
Ein Fiasko in der Tat. Jetzt kam wahrhaftig
Der Farmacista in Person gewandelt
Und ließ den Fall sich schildern. Un Francese?
Geheimer Kriegsrat, den ich unterbrach:
»Sono tedesco.« – Non ha dizionario? –
Was sagt er? O vertrauenssel'ge Gattin:
Ein Mann erscheint, schon leuchtet Hoffnung auf!
»Er fragt, ob wir kein Wörterbuch besitzen.«

Al diavolo, carissimi amici,
Man reise stets mit Weib! Die Damentaschen..
Ein Griff, und alles ist vorhanden, lächelnd –
Bis auf den Kamm. Ich blätterte wie fiebernd:
»Salpeter, Spesenrechnung, Todesangst,
Totaleindruck zu weit – Tonerde: creta.«
Ich dachte, das sei eine Insel? wennschon!
»Vogliamo avere creta.« Kreta will er?
Rund achtundzwanzig Augenbrauen fuhren
Entrüstet in die Höhe. »Anche noi«,
Warf jemand aus dem Hintergrunde ein,
Wir auch, »ma senza guerra«, ohne Krieg..
Gelächter reinigte die Atmosphäre,
Derweil ich, still nach Essigsaurem fahndend,
Die Spalten meines Lexikons durchflog
Und Muße hatte (eingebildet.. Elfeck..),
Mich auf die Rolle eines Clowns (entzündet..
Erfreulich erzbischöflich) einzuspielen;
(Erweichungsmittel nutzt mir nichts, da hab ichs:
Aceto Essig, ace-tato? toso
Ist ebenfalls gestattet). »Ho trovato:
Vogliamo avere creta acetosa!«
Der Apotheker lugte tief befremdet
Auf Creta erst, dann auf das acetoso
Kurz nördlich meines Fingers: io non
Capisco niente: per la piede? – »Si!« –
È una pillola? – »Ach nicht doch Pille!
È liquido!« Mit ruckhaft edler Straffung
Schritt er hinweg, von Wissenschaft umwölkt.
Blamage? niemals! io! farmacista!
Dergleichen Worte hinterschwebten ihn,
Dieweil um uns Getuschel ausbrach, schwellend
Zu scharfem Flüstern, heftigen Disputen,
Zu Diagnosen, therapeutischen
Anklagereden, die, so oft die Perlschnur
Sich klingelnd regte, auf den nächsten Bürger

Geschmettert wurden, und voll Neugier trat er
Betastend an mein Füßchen: Poveretto..

Und nun, Ihr Lieben, eine kleine Pause. –
Silenzio für des Meisters großen Auftritt!
Da nahte er, im Arm ein busig Monstrum,
Braunglasig glasverstöpselt, diktatorisch
Die Menschenmassen teilend, zog den Pfropfen,
Den kuchentellergroßen, bibeldicken,
Mit Schwung aus dem Flaconhals, meinem Weibe
Den offnen Abgrund unters Näschen haltend:
»È questo?« Sie versenkt sich, schnuppert, säuert
Sich an und nickt begeistert: Du, das ist es
Ganz unverkennbar! Si, è questo! – »Ecco!«
Der Meister sprachs, gelangweilt und verächtlich,
Es waren Pillen! die ihm Beifall brachten!
Die Apotheke bebte vom Applauso,
Und dankbar lächelnd ließ er sich herab,
Uns zwei der Tavolette zu verwässern,
Da wir es liquido nun einmal wünschten –
Mich in sein »Studio« bittend währenddessen.
Der Liter kam, die dicken Wattelagen
Betranken sich an (ja wie hieß der Preßstoff?),
Die Säulenbasis ward gekühlt umwunden,
Das Fläschchen eingepackt, zum Dizionario
Versenkt in meiner Sposa Damentasche,
Im Laden dann die Schuldigkeit geregelt,
Und unter liebevollem Segens-Abschied
Aus allermindest zweiundzwanzig Lippen
Schloß sich der Vorhang hinter der bewegend
Aufwühlend menschlichen Tragödie FREMDLING.
Vicenza hatt' uns wieder – un espresso!

Wir hätten ihn da, wo wir waren, finden
Und nehmen können, auf dem Corso, aber:
Zum ersten störten mich des Filobusses

Quadrupeldrähte; zweitens überhaupt
Bin ich ein Platznarr, der die langen Corsi,
Wo Laden sich an Laden reiht, verabscheut;
Zum dritten: was ich suchte (Campanile
Und palladianische Basilica),
Lag winklig seitwärts irgendwo, nach Bildern
Zu schließen, die ich kannte, lag speziell halt
An einem Platz, der Piazza dei Signori;
Dann viertens macht, sich locken und verführen
Zu lassen, Spaß – nach Laune, Riecher, Zufall,
Wies eben kommt, statt nach studiertem Grundriß,
Wozu mich Knirps von sieben Jahren einst
Mein ordnungsliebender Papa erzogen –;
Und endlich, außer jedem Zweifel, gibt es
Den topographisch vorgebildeten
Leit-Engel, angelo conducitore:
Sankt Magnetismus. Bitte, immer wieder
Erlebt man das! Arglos die Bismarckstraße
Hernieder humpelnd, Unsinn: die Contrada
Cavour (auch so ein Königgrätzer Niesnutz),
Beschlüpfen wir zur Linken eine Bar,
Die Bar ist dunkel, eng, ist voll von Menschen,
Die Mordmaschine zischt, der Knöchel puckert
Und möchte ruhen – Fenstertüren schwingen,
Der Kellner eilt: da glänzt ein Marmorwinkel
In freier Luft! da glänzen rot lackierte,
Mit Polstern blau belegte Gartenstühle,
Rechtsum! Kaffee in Hand! Abteilung marsch!

Was red ich lang? natürlich wars die Piazza,
Die ganze Welt war Marmor! Auf dem Pflaster
Der breiten, vom Azur bewellten Platten,
Der spiegelnden, schwamm uns ein Feenschiff
Mit Riesenmast heran und Riesenstülpdach,
Ein ozeanisch Wesen, wuchtgewaltig,
Von unerhörten Kräften tremolierend –

Basilica! das Vicentiner Kaufhaus!
Erschlagend! daran sieht man sich nicht satt.
Wir rückten unser Stühlchen vor zur Kante,
Bis an Podestes Absturz, um den Schiffsmast,
Den Glockenturm, auch mit im Blick zu haben,
Wobei das Stülpdach optisch sich im Himmel
Vom Unterbau der Doppel-Loggia löste,
Und schlürften unsern kaltgewordnen Nero.
Die neue Sicht veränderte den Eindruck:
Kein Schiff mehr! nein: auf glatter Wasserfläche
(Wir wußten ja, daß es kein Wasser war!)
Ging ohne Sockel eine Marmorbrücke,
Neunjochig, Fuß für Fuß schneeweiß spazieren,
Darüber wieder neun, macht achtzehn Bögen
Und in der Tiefe fünf, macht achtundzwanzig,
Ein jeder beidseits zweigebeint auf Säulchen,
Einhundertzwölf, und sechsunddreißig große,
Schlank vor der Front vom Zeh zum Architrav
Und neu von dort zu den Gesimsbalustern,
An denen ich nun gar nichts zu monieren,
Nur zu bewundern fand. Horizontales
Mit Vertikalem herrlich ausgewogen;
Die Spannung nervig fest; gemessen ruhig;
Antik und Gotisches im Gleichgewichte
Mit klassischem Barock; der heitre Marmor
Im Einverständnis mit der Ziegelfläche
Des tief zurückgenommnen Hallenkörpers.
Auf solche Art wird Altertum lebendig
In Gegenwart und Zukunft übersetzt.

Und dieser märchenschlanke Campanile!
Sogar Palladio hat ihn achten müssen.
O nein. Der Turm ist früher. Weiß man nicht –
Ratsmaurermeister oder so, ignotus.
Er macht mich fröhlich und erinnert mich
An irgend etwas Deutsches, aber wo da?

Ich meine übrigens nicht unten – geh ihn
Einmal von unten aufwärts mit den Augen,
Den ganzen Vierkant. Kühn die Italiener:
Auf minimalem Grundriß glatte Linie
Von fünfzig, sechzig Metern bis zur Traufe
Und ohne Sockel, ohne Widerlager,
Aus nackter Erde in den nackten Himmel!
Streck deinen Daumen aus; visier' die Höhe.
Eins; zwei; drei; halt! da kommt das Vierkant-Traufdach,
Das draufgesetzte Achteck mit der Haube.
(Jetzt hab ichs: Naumburg! zum Verwechseln ähnlich!
Das Oktogon; romanisch; welsche Haube.)
Die vierte Daumenbreite reicht, ich schwör dirs,
Genau bis an den Fuß der Dachlaterne.
Warum? weil sie ein Zierat ist. Der Bursche
Hat aber ganz bestimmt im Maßverhältnis
Von Eins zu Drei gebaut und nur gerechnet,
Was bleibt, wenn man die Augen schließt: Volumen.
Und ängstlich war er nicht. Tollkühn! Palladios
Gewagtheit ist, an ihm gemessen, wenig:
Etappe gegen Front, Brett gegen Bleistift,
Marmor zu Ziegel! Doch: wie harmoniert es!

»Ich find es wundervoll«, sagt da mein Moglie,
»Wie du mich Einzelheiten sehen lehrst,
Bedank mich auch, und glaube dir dein Naumburg,
Doch sagtest du nicht etwas vom Teatro
Olimpico?« – Verflixt! beinah vergessen –
In einer Stunde geht der Zug! Avanti!

O Dank und Segen auf den Engel, der uns
Schnurstracks die rechte Straße führte! Segen
Auf die Kustodin, die uns außer Fahrplan
An ihren Busen schloß! und auf den Filo!
Er rollte zur Sekunde um die Ecke,
Als wir dem Schlund enttauchten des Gebäudes,

Des scheunenähnlichen, windschief berankten,
Das äußerlich so gar nichts vom Olymp hat;
Und Segen über Segen auch auf dich,
Arkadische Lokomotive, die du
Um unsertwillen eine Viertelstunde
Zu lange in Verona wässertest,
In Brescia kohltest oder – hast du etwa
Auf freier Strecke schnell mal kurz gebummelt?
Und kein Vagone Ristorante.. schäm dich!

Da saßen wir – seit Erstfeld nichts im Magen
An pranzo caldo als Kaffee, Maronen
Und eine ziemlich heiße Niederlage
Beim Apotheker. Nun, auf jeden Fall:
Die Wade ruhte wohlig, frisch besäuert,
Im Gegenpolster aus, Venedig würde
Uns, da nicht weit (das Herz schlug hoch im Halse),
Zumindest einen Schlag Spaghetti bieten,
Und überdies so träumten wir ganz einfach
Noch immer vom olympischen Theater:
Ihr wißt es ja, man hat dort sophokleisch
Einstmals gespielt – so wie sich der Barock halt
Die griechischen Tragödien dachte; halbrund
In Blöcken aufgestuft die unbequemen
Zuschauer-Reihen unter Freskowolken,
Nach vorn abbrechend zur Orchestra, drüben
Genau so hoch die Rampe des Proszeniums –
Bis dahin Historismus. Doch was *dann* kam:
Die Vorderbühne selbst, Palladios Schauwand
Mit Säulen und Pilastern, zahllos blinden
Segment- und Giebelfenstern voll Figuren,
Ein ziemlich festes Stück Architektur,
Gesimsgeteilt durch zwei Etagen ragend,
Das Vordre scheidend von der Bühnen-Tiefe,
Zugleich in drei Portalen sich ihr öffnend,
Ihr, die ein Traum ist; ganze Stadtprospekte

Aus Holz und Stuck, Scamozzis fächerartig
Zur Ferne flüchtende drei Auftrittsgassen,
Mit Gäßchen aus der Quere, Seitenlichtern,
Entlegnem Porticus, Zitronenhimmel
(Allein schon zum Triumphtor gut zweihundert,
Wenn nicht dreihundert Meter) –: war für mich
Elektrisierend! Händel! große Oper!
Akut und momentan! Und all das steht,
Nicht mehr benutzt, seit vier Jahrhunderten..

Warum erweckt mans nicht? Es muß ja weder
Entweihung sein noch sklavische Bemühung
Noch überhaupt original Vicenza –
Warum nicht andern Ortes eine Richtschnur,
Die überall gilt, spannen? und natürlich
Nicht just für kribblige Intimitäten
Voll Konfidenz und Leggerezza. Asti
Spumante läßt sich hier kaum inszenieren;
Bordeaux: sofort! O arme Regisseure,
Die Ihr dem traurigen Verismo huldigt,
Auch wo er fehl am Platz ist; ratlos seid,
Sobald die Arie anhebt, und mit schwachen
Einfällen aus dem neunzehnten Jahrhundert
Den Sänger rasend macht, der Fioritüren
Zu singen hat und nicht wie Kainz zu mimen;
Die Ihr die Abstraktion sucht, Einheitsbühne,
Des Auftritts Vielfalt, Stilisierung, Raffung:
Hier findet Ihrs! Seht doch die Nischen: herrlich,
Um einen Tamerlan hineinzustellen;
Die Rückwand ideal, ihn zu belauschen;
An Säulen klagt sichs prachtvoll, von der Säule
Sind ein paar Schritt zur Rampe fürs da capo;
Gefolge strömt von seitwärts ins Proszenium;
Standbilder: schon vorhanden für Pompeius',
Für Bertaridus' Denkmal; kein Versatzstück
Ist weiter nötig; aus den schrägen Gassen

HOHER BESUCH IM TEATRO OLIMPICO IN VICENZA

(Dem Auditorium sichtbar, nicht dem Helden)
Nahn die Verschwörer und verständigen
Sich hinterrücks der Schauwand; aus der großen
Zentralen Perspektive endlich treten
Die Theseus, Herakles, Kleopatra
E tutti quanti auf, die titolati,
Die Tragenden Figuren – welch ein Anblick!

Ich weiß, Ihr lest mich nicht; und wenn Ihrs läset,
Ihr fülltet Euch mit schnellen Widerständen:
Woher die Tiefe? zwei-, dreihundert Meter?
Das ist absurd, wir haben elf bis zwölf nur –
Erlaubt: Vicenza auch; ich schritt die Bühne
Von Rampe bis Triumph-Tor ab: zehn Meter
Und Etliches; halb Meter Luft dahinter;
Dann der Prospekt, gemalt auf nackte Hauswand.
Das Rätsel löst sich einfach: gleich vom Hacken
Der palladianischen Gebäulichkeiten,
Bevor noch die Scamozzi'schen beginnen,
Steigt das Gelände an auf voller Breite,
Und geht man an den Stuckfassaden stadtwärts,
So gehn die Kranzgesimse langsam nieder,
Erst kopf-, dann schulterhoch, eng wird der Corso,
Balkone streifen schon das Knie, die Dächer
Sind bald nicht größer als ein Wadenwickel,
Und gar vorm Porticus, dem weit entfernten,
Muß ich, ein Gulliver, ein Campanile,
Ihn drei-, ja vierfach überwachsend, völlig
Den Himmel ausgefüllt, mit mächtiger
Erscheinung sagenhaft verdunkelt haben –
Teatro zwar, doch höchst olimpico!

Inzwischen rollten wir, den Dampf gedrosselt,
Schon jenseits Mestre durch das blank polierte
Brackwasser der Lagune – blaß lachsrosa,
Vermählte sich in ihr ein müder Himmel,

Zur Nacht hinsterbend, mit dem Schwarz der Pfähle,
Mit eingefärbtem, grau verwaschnem Blau
Von fernen Wolken vor den Alpenhängen
Und ersten Lichtern aus der Silhouette
Venedigs . . ach, sie blinzelte uns freundlich,
Die Phantasiestadt, die im leisen Schwanken
Des Wagens leise schwankend auf uns zukam,
Nichts zeigend als den Domestiken-Eingang,
Den Hinterhof des schwimmenden Palastes,
Den linken oder (je nachdem, an welchem
Der offnen Fenster wir gerade hingen)
Den rechten Rand von ihrem unerhörten
Pretiosen-Tabouret: ein einsam Türmchen,
Wahrscheinlich San Alvise, sonst nur Häuser,
Und doch erregend! Schon allein Alvise
Besitzt den kolossalsten Tiepolo,
Den man nur denken kann, und schon die Brücke,
Wiewohl kein Kunstwerk, ließ uns trunken werden:
Zweihundertzweiundzwanzig Joche schritten,
Den Zug geschultert, durch die seichte Feuchte –
Als schwellende Musik, wie ein Vivaldi,
Genau im Takte, piano con sordino,
Dazu die Contrabassi in Synkopen,
Denn jeder Schienenstoß, exakt schrumm-schrumm,
War unsern Herzen ein harmonisches,
Grundierendes, willkommnes Element.

Die Endstation! Venezia! schlecht erhelltes
Zementscheusal, grau-schwärzlich wesenlos . .
Wir hatten Zeit und mußten obendrein erst
Noch das Gepäck verwahren, Lire wechseln,
Und gut entwimmelt war derweil die Halle.
Zwei Gondolieri, die uns kommen sahen,
Verhandelten sehr artig um zwölf Mark
Bis zur Piazzetta (wäre hübsch gewesen!)
Und insistierten nicht. Aufdringlichkeiten,

Worin die Italiener, sagt man, groß sind,
Gehören in das Reich der Fabel, hängen
Wohl auch vom Partner ab – »è troppo caro«
War uns ein guter Spruch, »per noi« noch besser:
Für *uns* sind Gondeln teuer; der Tarif ist
Unangefochten ehrenhaft in Ordnung;
Wir sind halt arme Leute. Schade – aber:
Man *muß* nicht Gondel fahren.. Vaporetto
Tuts auch, die Dampf-Tram quasi, Allerweltskahn,
Der obendrein als einziger den großen,
Den Haupt-Kanal benutzt statt Nebenstrecken.
Und in der nämlichen Sekunde, da wir
Von schwanker Planke unsern letzten Schritt
Aufs Schiff hinübersetzten, losch Europa,
Losch alles Land, losch alles Feste aus.

O dunkles Plätschern da zu unsern Füßen,
Canale grande! wie er lockte, schmeichelnd,
Und dennoch stolz, ein düstres Wassertier,
Bewegt, unruhig nicht, ein stetes, sanftes,
Melodisch melancholisches Gewoge,
Mit leisem Seufzen an den Häusern leckend,
Mit kleiner Eile an der Steinwand laufend,
Die fußlos aus der Flut steigt Wand an Wand –
Geschmeidige Kulissenschlucht aus Mauern,
Alsbald in weiter Krümmung sich entwindend,
Und neue Krümme, endlos Wirbelsäule,
Nachtschlange dinosaurischen Formates,
Halb starr von Schlaf, amphibisch Trauerwesen,
Noch atmend, schillernd, von Reflexen rieselnd,
Und dunkel, ach wie dunkel! Kaum ein Licht noch
Kam aus den vielen Fenstern der Paläste
Hinabgezittert in das schwarze Tal
Der Wasserstraße – hie und da wohl schüchtern
Erleuchtet ein Balkon, ein Küchenstübchen,

Sonst nur die grün und roten Schiffslaternen,
Auf Brücken Lampenschein, in Gassen seitwärts
(Auch sie aus Wasser) Ampeln für die Torfahrt
(Aus Wasser alles, in die Häuser leckt es
Bis an den Treppenfuß), jenseits der Dächer
Ein magisch zartes Violettkarminrot,
Zu ahnen, wie der Dunst von Freudenfeuer,
Und zwischendurch ein einzig Mal, verloren
Und gleich vorbei, aus dem Palazzo Grassi
Dreihundertflammiges Kristallgeglitzer!
Murano-Glas an goldnen Deckenbalken –
Ach Freunde .. schön! Der Hauch der Meeresluft,
Brokat der Nacht, und all das Byzantinisch-
Gotisch-Barocke, Morgenländisch-Fremde:
Mosaizierte Säulen, hängend Maßwerk,
Die Löwenbrüstungen, die offnen Hallen,
Davor, vertäut, in Herden schaukelnd, Boote,
An Pfählen in den Farben der Besitzer –
Historie überall und schwerer Reichtum,
Zu wundervollen Mustern in die schlichte
Grundkette Armut eingeschossen, uralt,
Ein Imperialstoff, herstellbar nie wieder.
Das Motorschiffchen aber webte fleißig
Die abgerißnen Stücke ineinander,
Vom Südponton zur nächsten Nord-Anlege,
Vom Fondaco dei Turchi zur Ca' Doro,
Und stickte kleine Perlen in den Nachtsamt,
Ein Bühnenbild, illuminierte Plätze
Mit Chianti-Trinkern unter bunt gestreiften
Markisen; hier den Schein aus einem Laden;
Dort Pfeifenglut, von der Rialto-Brücke
An marmornem Geländer niederregnend;
Dann die Volutenkuppel von Maria
Salute, bräunlich angestrahlt; dahinter
Weiß schimmernd die Dogana; gegenüber,
Vom Widerschein bedämmert, Palmengärten

In Gräften hinterm Schulterblatt der Piazza
San Marco – o ersehnter Augenblick!

Nicht um des wiegenden Pontones willen
Ward uns da schwach: die Spannung war zu grausam –
Erregend wie beim allerfrühsten Verdi
Gesteigert, nervenzerrend ausgebeutet!
Zur Rechten schwamm in der Lagune blitzend
Der Diamant der Isola San Giorgio;
Backbord voraus, auf offner Reede ankernd,
Erleuchtet und beflaggt, ein Hochseekreuzer
Der nordamerikanischen Marine;
Und in der Flucht der Schritte, die wir nahmen,
Erstrahlte zehnkarätig, reinsten Feuers,
Der Solitärbrillant der Republik,
Der Busenschmuck, die Seefront des Palazzo
Ducale unter ungeheurem Himmel.
Man ließ sich unsre Ankunft etwas kosten..

Und doch – es war uns scherzhaft nicht zumute,
Wie Manchem, der geschmäcklerisch befürchtet,
Man könne ihm das Praedikat der Reife,
Des überlegnen Geistes aberkennen,
Wenn ihn das venezianische Theater
Nicht als trivial belustigt. *Wenn* das Schöne,
Da wir die Schönheit suchen, an das Herz geht,
Das Große uns erschlägt, die wir vom Kleinen
Umstellt sind und bedrängt, wenn nichts als Raum
Den Atem in sein Atmen fortreißt, Hohes
Ein ähnlich Hohes an Empfindung auslöst,
Und wenn ein solches Maß Geschichte, sichtbar
Durch ein Jahrtausend Staat und Macht gewesen,
In Steinen redet – muß man sich da schämen?
Ruf hin, Ruf her – auf die Piazzetta biegend,
Den Campanile sehend und San Marco,
Die glitzernden Goldmosaiken, Fahnen,

Die Bronze-Pferde, Mori auf dem Uhrturm,
Und Licht, und Marmor, und noch einmal Marmor,
Und nochmals Licht, Perlschnüre, Lichter-Orgien –
Sind wir (es war dem nicht zu steuern) einfach
In Tränen stehn geblieben, überwältigt!
Denn dies, bei Gott, ist nicht ein Platz wie andre –
Ist aller Plätze Platz! man denkt des Gottes,
Weil er ihn dachte, und man spürt ihn physisch,
Anwesend überall, man spürt das Jenseits
Im Diesseits durch als himmlische Verlockung.
In einer Stunde trosterfüllten Traumes
Muß Gott, da er die Völkerwandrung zuließ,
Vor der die Veneter zum Inselsumpfe
Ins Fieberwatt sich flüchteten, er muß ihn
(Wie wir, noch eh wirs schreiben, ein Gedicht sehn)
Gesehen und seither der Menschheit Manches
Gestattet haben, was ihr übel auslief,
Dem Platze aber frommte und ihn mitschuf,
Den Raum im Meere und den Raum im Äther!

Piazza San Marco, höchst massiv auf Stelzen,
Die niemand sieht, in den Morast gegründet,
Im Winter von der Bora überschwemmt,
Von Reisenden im Sommer – ja, was ist sie?
Unwirklich wirklich, unbegreiflich greifbar,
Ein Traum aus Felsen und ein Saal der Lüfte,
Ein steinernes Parkett für nichts als Menschen,
Nichts als polierter Estrich, glatt geschliffen,
Bis in die Tiefe all der Bogengänge,
Erleuchtet Wölbung neben Wölbung, drüber,
Auf linearen Architraven stehend,
Drei Reihen Fenster, auch erleuchtet jedes
Von innen her, nicht angestrahlt von außen!
Die eigentliche Piazza lag uns dunkel,
Und wieder gar nicht dunkel – Zauberspiel
Aus hundert Farben, hundertfach verbunden

Durch trippelnde Colombi und von flutend
Bewegten Gruppen, murmelnd, lachend, grüßend,
Durch die Arkaden strömend – und die Läden,
Die Restaurants, Andenkenstände, Bars,
Die in den Arkaturen wohnen, warfen
Ihr Licht durch all das Schreiten, Stehn, Flanieren
Hindurch aufs Pflaster, das mit Spiegelungen,
Sensibel und verzückt, den kleinsten Abglanz
Von überall her nahm, vom Abglanz lebte.

Und wie es lebte! wie der Campanile
Warm ziegelfarben hochging, weiß gekrönt,
Und dann zurücktrat, weil die Kathedrale,
Grün seltsam funkelnd, in der Front der Piazza,
Jetzt mit fünf Kuppeln, Zierat, Lanzentürmchen,
Kielbogengiebeln, Kreuzen, Säulenwäldern
Und fünf mosaizierten Goldportalen
Als wie ein kaiserliches Schlachtschiff auffuhr,
Drei riesenhaft gebauchte Fahnen vor sich!

Der liebe Goethe sagt: ein Regenbogen,
Der länger steht als eine Viertelstunde,
Wird nicht mehr angesehn. Das mag wohl stimmen,
Und demnach übertrifft der Markusplatz
Um ein Erkleckliches die Himmelswunder:
Nach sehr viel mehr als einer Viertelstunde
Im Bann der hochgeborenen Familie
Steinreich juwelenstrotzender Paläste
Bemerkten wir (seit Erstfeld, wie erwähnt,
Kein warmes Essen!), daß uns hungerte.
So zog ein anderes Juwel uns an,
Kein Sansovino, kein Palladio: Quadri!
Wer ist das? Quadri? Her den Thieme-Becker!
Ach, leider führt das Lexikon der Künstler
Ihn trotz der zarten Rokoko-Kultur,
Trotz des Prospektes, eines Guardi würdig,

Trotz daunenweicher Seidensessel nicht.
Er birgt sich tief im Fond der Prokurazien,
Der alten, nördlichen, im Pianterreno,
Und ist umlagert meist, wir mußten warten.
Die Höhle schimmerte verlockend rötlich –
Geduld, Geduld! wir wurden vorgemerkt,
Und eben wollten wir nach draußen wieder,
Wo harte Stühle massenhaft sich reihten
Und man ein rätselvolles Podium aufschlug,
Uns fortverfügen, da (Gott segne es)
Erhob ein Pärchen sich, des Schlafs bedürftig,
Wenn nicht begierig gar, und eben wollten
Wir in die schöne Rötlichkeit versinken,
Halb saßen wir bereits, vom Kellner freundlich
En langue française hinabkomplimentiert,
Da: Qu'est-ce que c'est? – C'est bien un feu, Madame,
Feu d'artifice.. Ein Feuerwerk? Hinaus!
(Das geht bei Quadri einfach, man sitzt offen,
Kein Fenster und kein Vorhang vor den Menschen,
Die durch die Arkaturen promenieren,
Doch jetzt bengalisch weggesogen waren.)
Ein Waberschein, giftgrün auf goldnem Grunde,
Floß von San Marcos Prachtfassade, rieselnd,
Die Augen blendend, jede Fensterleibung
Mit satter Schattentiefe meißelnd, nieder,
Musik marschierte auf (daher das Podium),
Die Massen klatschten, riefen bravi! bravi!,
Vom Molo nahten neue Sensationen,
Umspült von neuen Massen, und es waren
Wildfremde Leute schrankenlos bereit,
Den nächsten besten hominem sapientem –
So etwa uns – an ihre Brust zu ziehen.

Aufregendes Menu! Da stand der Kellner:
Madame (Verbeugung) est servie.. Wir eilten:
Erst war sie grün, die Suppe, dann grellrosa,

Changierte über Kobaltblau nach Bleiweiß,
Und als des Tellers Grund uns leuchtete,
Da tat ers in Zitrongelb, auch der Fiasco
Valpolicella glitzerte verdächtig
In ungehörig fremden Farben auf –
Wir horchten auf die Aahs und Oohs dort draußen,
Das Auge schweifte, Gabel wickelte
Spaghetti in den Löffel ganz alleine,
Und forca und cucchiaio fielen klirrend
Ins Porzellan – hinaus! da ist ein Aufstand!
Handtasche, Brille, Zigaretten blieben,
So wie sie lagen, liegen, Tusch! Evviva!
Spalier vor Quadri, Quadri leer, die Kellner
Sogar beteiligten in Frack und Schürze
Sich an der Huldigung, wem galt sie nur?
Ein weißer Kopf, schön anzusehen, schritt
Mit Lächeln uns vorüber, klatschen! klatschen!
Wir klatschten wie bezahlt, evviva! evviva!
Es war Venedigs Oberbürgermeister,
Il professore Spagno, un chirurgo,
Très bien, et l'autre? denn zu seiner Rechten,
In braunem Anzug (Spagno vornehm schwarz)
Ging ein bedrückter Italiener, weinend..
Und beide schwanden unter Bögen hin,
Hinauf in das Hôtel. Qui donc était-ce? –
Pardon, Madame: personne ne sait rien.

Indessen, trefflicher garçon! – beim Hauptgang,
Da wußte er schon mehr als nichts, da war er,
Ein Wiesel, zum Hôtelportier entsprungen
Und tischte uns, was er erfahren, auf.
C'est un américain, der Italiener –
Morbleu! der braune, weinende? – Mais si!
Der Oberbürgermeister von New York! –
Et pourquoi pleure-t-il? – Schalkhaft Achselzucken:
Ecoutez donc. – Die Menschen draußen riefen

Im Chor mit Händeklatschen einen Namen,
Der italienisch klang: Impelliteri,
Im-pel-li-te-ri! – Ah, c'est bien toujours
Un Italien? – Voilà, c'est ça, Madame,
Geborner Italiener! – Im-! und Pause,
Und pel-! und Pause, li-! und Pause, teri!
Dann Tusch! und Stille.. Prasselnd Beifall endlich.
Wir sausten, was wir konnten. Ecco! »..Parla
Il podestà di Novo Jorc.« Da stand er,
Der kleine, tief gerührte Mann und sollte,
Was er zu Hause jeden Tag tat, reden!
Ach, es gelang ihm schlecht, man hörte gar nichts,
Nur hin und wieder ein paar leise Bröckchen
Amerikanisierten Heimatlautes –
Doch Herz und Dankbarkeit und nostalgia,
Die hörte jeder, ihm war weh dort drüben,
Wozu der Kliniker an seiner Seite,
Kollege Spagno, gütig lächelte.

Und wieder kehrten wir zum abgekühlten,
Impelliterisch aufgewürzten Mahle –
Es schmeckte wundervoll, der Wein, der Nachtisch,
Der Mokka, Alles wundervoll, der Kellner,
Die Nacht, Venedig, überhaupt das Leben,
Die Oberbürgermeister, der Oktober,
Und wundervoll der Duft der Tuberosen,
Die mir ein Mütterchen um hundertsiebzig
(È troppo caro half nichts) Lire anbot,
Per ella, per la moglie! Nun, ich kaufte,
Und hab es nicht bereut, sie dufteten
Noch bis nach Rom, sie wurden gelb und trocken,
Sie dufteten im Koffer bis zur Schweiz noch.
Berauschend dieser schmale Blütenzweig!
Berauschend dies Venedig – Mitternacht
Schlug es vom Orologio, Täubchen schliefen,
Als denn auch wir ans Schlafengehen dachten.

Hier bin ich etwas schuldig: einen Dank,
Gemischt aus Zärtlichkeit und großem Staunen.
Der Münchner Hof, Albergo Monaco,
Am Canal grande, voll belegtes Haus
Von erstem Range, lieh uns unverhofft
Sein Mitgefühl, sein Telephon, den Stadtplan,
Lokalkenntnis und Dolmetschkünste seines
Schlicht christlich handelnden Portiers, der hilfreich
Und ohne daß wir schon mit Trinkgeld winkten,
Aus reiner Nächstenliebe ringsum anrief
In Pensionen und Hotels der Stadt,
Ob etwas frei und ob für unsern Preis –
Und binnen kurzem hatten wir ganz einfach
Drei Schritt zu wandeln um die nächste Ecke,
Zur Salizzada San Moisè, Pfarrstraße
Des Heiligen Moses, der vorm Fenster lag,
Und überm Hinterhof, pian nobile,
Stand allbereits, in ockerfarbnem Schlafrock
Junonisch uns erwartend, furchterregend,
Die Hüterin des Schlummers, vor das letto
Matrimoniale strengen Blicks uns führend.
Sie schrak zusammen, als wir Händchen gaben
(Was ungewöhnlich in Arkadiens Breiten),
War aber sonst gutmütig durch und durch.

Befremdetes Erwachen: Steinfußboden..?
Schwarzgelber Estrich? nie gesehn. Wo bin ich?
Mein Moglie schläft noch. Draußen schreit ein Jemand
Mit gutturalen Klängen Unverständliches..
So steh ich auf, valpolicellaschwer,
Und plötzlich, da ich die Gardine öffne,
Fällt mirs wie siedend Glück ins Herz: Venedig!
Der Hinterhof heut nacht.. Der Schlaf.. Pensione
Firenze (da Florenz doch leider gar nicht
Stattfinden soll).. die Gasse wogt von Menschen,
Drei Meter höchstens mag sie Breite haben,

Hauptstraße der Pfarrei.. dort links am Plätzchen
Liegt San Moisè – buon giorno, Heiliger Moses..
Ah schau: der Schreihals ist ein Zeitungsjunge..
Und links der Torgang führt, buon giorno, Piazza!
Zum Markusplatz, la nuova fabbrica
Heißt der Gebäudetrakt, was fabriziert man
In bonapartischen Architekturen?
Murano-Glas? Kanonen? Ei, was immer:
Auf auf, mein Weib! zur Tiepolo-Ausstellung!

Arkadien kennt kein Frühstück, sehr viel Zeit
Spart diese Sitte, ein Espresso nur,
Und frisch hinein ins Leben! in die Tauben!
Denn ob wir schon den Vaporetto schnellstens
Am Monaco bekommen hätten, wollten
Wir doch die Stätte gestriger Triumphe,
Quadri, den Campanile und den Uhrturm,
Vom Dom zu schweigen, gleich einmal begrüßen,
Wobei mit größter Selbstverständlichkeit
Die Kathedrale im Vorübereilen
Uns von der Seite einsog. Sag ichs offen?
Ich denke: ja. Kurz: sie enttäuschte uns.
Wir hatten nach dem Äußren mehr erwartet,
Mehr Morgenland, Geheimnis und Magie,
Ein Ehrfurchtschaudern; aber nichts dergleichen –
Sie schien uns nackt, zwar groß und respektabel,
Zwar des Erhabnen voll in Einzelheiten,
Doch nicht zur Seele sprechend.. Rebelliert Ihr?
Ich sag, wies war, und sag, was wir empfanden:
So gut wie nichts der Rede Wertes nämlich.
Profan blieb das Gemüt, die halbe Stunde
Hat uns gereut, wir gingen ohne Weihe,
Belugten hoffnungsfreudig die zwei Mohren,
Erkannten traurig: erst in fünfundzwanzig
Minuten werden sie die Hämmer schwingen,
Die Glocke anzuschlagen auf dem Dache

(Was, kindlich wie wir sind, als Spiel uns lockte),
Und wanderten von hinnen, dumpf entschlossen,
Jetzt in den Vaporetto – schwupp, der Doge,
Die Porta della Carta, hielt magnetisch
Das Feld besetzt, da war kein Vorwärtskommen.
Nur einen Blick! nicht wahr? nur fünf Sekunden..

Merkwürdig, wie so weltlich temperiert
Die Kunst-Antennen diesen Morgen waren:
Hier zündete nun Alles, sprühte Funken,
Des Wissens Röhren summten, sich erwärmend,
Auf Drähten überspielten die Relais,
Stromstoß auf Stromstoß, mir pragmatische,
Politisch-militärische Historie,
Verfassungsrecht, die Dogmen, Meereskunde,
Geschichte unsres Geistes, unsrer Hände,
Der Farben, der Musik – unendliche,
Reich parallelisierende Bezüge
Durchpulsten das Gehirn, die, aufgeschrieben,
Kein Bruchteil dessen, was sie im Momente
Des Denkens waren, wiedergeben würden:
In jedem Morsezeichen eine Welt,
Ein jeder Schritt auf zwei beschuhten Füßen
Die Universität persona una,
Auch wenn kein Dekanat den Hut des Doktors
Dafür verleiht: sie will es prüfen können.
Approbation – es kommt darauf nicht an,
Was eine Bildung wert sei vor Instanzen,
Nur darauf, ob der Einzelne im Innern
Sich auflädt mit Impulsen, Energien,
Die wieder seine Strahlungskraft auf Andre
Verstärken. Ich behaupte kühnlich: nichts,
Was in historicis die Reise brachte,
Läßt sich vergleichen dieser einen Stunde
Im wahrhaft königlichsten aller jemals
Von mir erlebten königlichen Schlösser,

An dem gemessen nur noch Würzburg standhält
(Ein Bischofssitz!), vielleicht noch Fontainebleau
Ein Weilchen mitläuft .. dieses hier ist Ambra,
Mit allen Spezereien orientis
Et occidentis wissend aufbereitet
Zum Höchsten, was Geschmack und Kunstsinn, Grazie,
Schönheitsbedürfnis, Demut, Hochmut, Mut,
Talent des Herrschens, Herrentum und Härte,
Gedankengröße, Nobiltà und Stolz
Jemals zusammenbrauten: schon der Hof nur,
Vom Intérieur zu schweigen! ich beschreibs nicht.
Es ist ein Rätsel: Prunk und doch nicht prunkend,
Das Rätsel von der Grenze und vom Maßstab.
Man kann weit größere Paläste bauen,
Noch mehr an Gold verwenden, noch mehr Bilder
In Täfelungen fügen, kann an Höhe,
An Areal addieren, was man will –
Nichts wird das Denkmal, das die Republik
In elf Jahrhunderten auf blankem Meere
Sich selber setzte, in den Schatten stellen:
Hic domus est Venetia centrum orbis.

Aus fünf Sekunden waren volle sechzig,
Sekunden nicht, Minuten mittlerweile
Geworden, an den Mori merkten wir es,
Die wiederum fast eine halbe Stunde
Uns würden warten lassen, falls wir blieben.
Das wollte keiner, denn die Kunst macht hungrig!
Den Nüchternen zumal! zumal die Saalflucht
In Ihrer Herrlichkeit, der Signoria,
Von Fleischsaft, Öl und Muskeln schwellenden,
Gewiß durch Hungerleider nicht in Auftrag
Gegebenem Palaste! – Zu Danieli!
Dachgarten-Teefrühstück! Genie-Gedanke!
Mit Blick auf die Lagune, auf San Giorgio
Und auf des Hochseekreuzers Mastgestänge!

Noch war ja Morgen, abends schloß die Mostra,
Und besser, sich vor Tiepolo zu stärken,
Als zweimal doppelt Eintrittsgeld zu zahlen!

Da lächelte Sankt Magnetismus leise,
Nahm unsre Augen, zog sie durch die Säulen
Des Dogenschlosses durch und hieß uns stehn.
Merci, mon ange conducteur – die Alte
Bibliothek, nicht wahr? von Sansovino..
Die Gegenseite der Piazzetta.. schön!
Nur schön? dann seid Ihr blind! Schaut doch genauer!
Wir schämten uns alsbald: indem wir schauten,
Rot werdend vor dem strahlend weißen Marmor,
Der (ähnlich der Basilica Palladios,
Zweistöckig Doppel-Loggia, dachlos freilich,
Und heitrer noch, gelassen, dabei früher)
Mit leichter Hand ein einziges Motiv
Abwandelt: das des Bogens über Säulen,
Gerahmt in Säulen zwischen Architraven.
Und ähnlich wie den Wandrer, der vorm Walde
Aus Fels und Schlucht auf eine Lichtung tritt,
Die Sonne wohlig wärmt, durchwogte uns,
Mit jedem Atmen mehr, das Festliche,
Das Lächeln dieser Schönheitskönigin
Aus einer Zeit, da noch die Seele schön war
Und schöne Seelen schöne Körper schufen.

O sagenhafte Zeit! wann wohl gewesen?
Je nun, ich bin kein Paläontologe:
Zwar kam mir Jacob Burckhardt in den Sinn
Mit seinem bösen Worte »Gestern sah ich
Vier Deutschinnen, vier Baedeker in Händen,
Höchst militärisch gegen den Palazzo
Farnese aufmarschieren«, aber nachschaun,
Das mußt ich. Fünfzehnhundertsechsunddreißig
Bis dreiundfünfzig – ei, sieh da, wahrhaftig:

Der Baedeker zitiert ein Burckhardt-Urteil!
Die süße Rache.. Lobt er? Wie? er tadelt?!
Wie mans so tut: beim Loben nörgelt er,
Daß an Triglyphen und Metopen Manches
Nicht ganz der Regel folgt – der Liebe, Gute!
Er hat gut nörgeln. Geht mir doch mit Messung!
Wozu der Schematismus? glaubt man etwa,
Der Oberbaudirektor von Venedig,
Kein Schüler immerhin, hat nicht gewußt,
Warum er Regeln brach? und wie man Wirkung
Erzielt mit welchen Mitteln? Wenn ich wollte,
Ich könnte sagen: Nun, Herr Architekt,
Ihr Erdgeschoß scheint konstruktiv zu klein,
Mir scheint es klein, nicht wahr? weil die Balustern
Als Fußbalkon zur obren Loggia zählen;
Die wieder nimmt die eigne Balustrade
Ganz selbstverständlich vor dem blauen Himmel
Für sich in Anspruch, demnach hat sie zwei,
Die untre keine – ecco! *Just* das *ist* es:
Da zeigt sich Meisterschaft, und zeigt sich doppelt,
Vergleicht man eine der Veduten (zwei sinds,
In Sammlung Kress und Sammlung Albertini),
Auf denen Canaletto bona fide
Die Mängel Sansovinos korrigierte,
Den obren Architrav zusammendrückte,
Das Pianterreno hochzog, schlanker führte
Und etwas, das allein so, wie es ist,
Nicht anders leben kann, um sein Geheimnis
Betrog – ein Vorgang, den ich mir erst später,
Zu Haus, in Bildern, auseinanderlegte;
Und heute, da ichs schreibe, fiel ein weitres,
Ein Guardi-Bild mir in die Hände, das ich,
Student in Wien, dereinst gekannt und seither
Vergessen hatte: jene vierte Seite
Des Markusplatzes, die nach achtzehnhundert
Napoleonisch zugemauert wurde.

Vermutlich wars halt doch ein Jammer drum.
Denn jene Kirche, die man opfern mußte
(Bei Guardi steht sie noch), war allzu edel,
Um sie getrosten Sinnes hinzuschlachten
(Venedig scheute sich und überließ das
Dem eignen Mörder), kurz: auch diese Kirche
Besaß Persönlichkeit, besaß Geheimnis,
Besaß die Meisterschaft aus gleichem Geiste –
Jacopo Tatti, detto Sansovino.

Nun, um auf unsre Schönheitskönigin
Zurückzukommen, Libreria vecchia,
So fesselt sie, nicht wie moderne beauties
Mit exhibitionellen Sensationen
Alpiner und subtropischer Gebiete:
Sie fesselt vom Gesicht her, Augen hat sie,
Hat eine Stirn, die spricht, ein Kranzgesims
Wie schweres Haar voll Diadem und Sternen,
Und hat ein Herz, hat Herkunft, hat die Handschrift,
Durch die ein Bauwerk sich zum Kunstwerk adelt.
Ja, derart kostbar ist ihr Ebenmaß,
Daß sie sogar des Laufstegs nicht bedarf,
Der Stöckelschuhe nicht, nicht des Kothurnes:
Sie schreitet sommerlich – Natur! – einher,
Antik drei flache Stufen als Sandale
Dem Prachtwuchs ihres Fußes untertan –
Und *wenn* Erhöhung, dann nur oben: oben,
Wo Plastiken die Balustrade höhen,
Da fehlte ihrem Vater, der sie schmückte
(Wie man die Töchter schmückt, wenn sie zum Ball gehn),
Noch irgend etwas ganz Entscheidendes,
Der Diamantenstrauß im Scheitel fehlte!
Er setzte ihn ihr auf: auf jede Ecke
Der Attika bekam sie einen schlanken,
Mit rundem Knopf bekrönten Obelisken –
Ein fröhlicher, bezaubernder Effekt!

Wie kann nur, wer so jung ist, »vecchia« heißen?
Man müßte »Libreria giovane«
Umtaufen das Geschöpf! es geht ein Lachen
Ansteckend von ihr aus, ein jugendfrisches
Und reizend helles Damenlachen – wirklich:
Sie lachte noch, als angesichts Danieli
Der Blick uns einfror und der Angelo
Conducitore rückwärts, wie vorm Satan,
Die Flügel raffend, in der Brückenwölbung
Sich zitternd barg, zu Füßen und im Schutze
Des würdevollen Staatsgefängnisses.
Warum der Engel floh, der Blick uns einfror,
Weiß, wer Venedigs Meervedute kennt:
Hier tut es weh, wenn rüpelhaft gebaut wird.
Frigioni links, ein Rokokohaus rechts,
Links Canal grande, rechts die lange Seefront,
Hier stolzer Reichtum, stolze Armut dort,
Stil rechts, Stil links, und nirgends ein Versager,
Der Protz inmitten! Faustschlag! Jetzt komm *ich!*

Jetzt kamen *wir* – bescheiden und verschüchtert,
Und wollten auf das Dach! Hier sprach man Englisch,
Mylady führte die Verhandlung.. sorry..
It's not the season. Nur im Saale, please,
Und leider waren all die leeren Tische
Mit Aussicht zur Lagune vorbestellt –
Enttäuscht und grimmig aßen wir und tranken –
Der Tee war ausgezeichnet – zahlten wortlos,
Und kauten an dem Ärger noch im Fahrstuhl,
Der mit uns vornehm in die Tiefe sank,
Zur Riva dei Schiavoni, Sklaven-Ufer,
Wo uns der Engel in Empfang nahm: grollt nicht,
Genießt die schöne Sicht, San Giorgio, Lido,
Links hinten die Giudecca, Redentore,
Da die Dogana, die Salute.. Meint Ihr,
Um vier Etagen höher sei das schöner?

Dann lieber doch hinauf zum Campanile!
Und nun zu Tiepolo! Da kommt das Schiffchen.

Ihr lieben Freunde, es ist ziemlich selten,
Daß man den Engel sieht; ihn nicht nur spürt.
Wir sahn ihn plötzlich! in den Vaporetti,
Mit roter Aufschrift »Mostra Tiepolo«,
War er, aus Abrahams Gebet geschnitten,
Der plakatierte Blickfang. Immer wieder
In diesen Tagen leuchteten die Schultern,
Mit breitem Licht reich modelliert, herab,
Betrachtete ein hoheitsvolles Antlitz,
Halb Mädchen, Jüngling halb, antik und sinnlich
Die Fremden in dem Wasser-Omnibus –
Und Seeluft stäubte gläserne Lasuren
Als kühlen Firnis auf den Himmels-Schneeleib,
Der prall aus feuerfarbnem Hüfttuch schimmert.

Praesens, durchaus, und Imperfekt in Einem,
Nicht passé défini, denn unvergangen
Bleibt solch ein Bild dem innren Auge haften –
Geschehnis jedem, ders erlebt. Er-leben:
Merkwürdig Wort von allerstärkstem Inhalt,
Wenn mans bedenkt; und wenn mans nicht bedenkt:
Wie Kleingeld abgegriffen, dünn und bläßlich.
Was hat der Mensch nicht alles schon »erleben«,
Hinnehmen müssen, Brand und Krieg und Wunden,
Die ihn verletzten, und in tiefren Schichten
Hat nichts dergleichen ihn verändern können.
Man nimmt es hin, doch nimmt mans nicht hinein,
Wie man das Leiseste, Musik und Liebe,
Frühgrau und Abendrot, die Sternennächte,
Domkuppeln, Gottesfurcht und Kindessterben,
Gefühl von Demut und Erschütterungen,
Scham, Trauer, Sehnsucht, Glück sich selbst hinzufügt
Und heimlich spürt: dies alles macht uns wachsen,

Erbaut immateriell das, was wir sind,
Ein süßes, bittres, großes oder armes,
Nur in bezug auf Gott vorhandenes
Stück Seele, das in dumpfem Körper ausharrt
Als konzentrierter Tropfen Licht-Essenz,
Hinabgeliehn, um Licht-Essenz zu filtern.
Wir sagen Bildung, meinen das Erlernte,
Zusammenhänge, Namen, Fakten, Zahlen,
Die im Gehirn sich häufen, ganze Halden
Von Schutt und Schlacke, trefflich ausgeglühte
Versteinerungen, wohlgeordnet fruchtlos –
Was hülfe Wissen, wenn die Destillate
Nicht an das Herz gelangen? wenn die Seele
Sich nicht mit Bildern füllt, womit ja Bildung
Ursächlich anfängt? Und wie schnell versteht sie,
In eines Augenblicks Geschwindigkeit,
Der Ackerkrume gleich im Wolkenbruch,
All das zu sammeln, wessen sie bedarf,
Und bis zum Jüngsten Tage festzuhalten!

So ists; und wärs nicht so, daß nur das Wesen,
Worein das Wissen mündet, gilt vor Gott:
Was nutzte dann der Aufwand? Tausend Meilen
Höchst unbequemer Fahrt, und abertausend
Zurück nach Haus, und zweithalbtausend Mark
Für nichts als zweithalb Stunden Kunstanschauung?
Anstrengendes Vergnügen, so ein Fußmarsch
Durch lange Hallen voller Öl und Zeichnung,
Allegorie und Lendenschurz-Geflatter,
Von einem nicht sehr anerkannten Manne,
Der siebzehnsiebzig starb, dem Epigonen
Des Tizian und des Paolo Veronese,
Wenn man dem neunzehnten Jahrhundert folgt
Und seine Wertung gutheißt, Überwertung
Von Renaissance und Frühbarock und Schulen.

* * *

Ja, mit der Reife ists ein eigen Ding.
Wer sauren Mosel schätzt, kann nicht verstehen,
Welch geistiger Bezug in einem Pfälzer
Von heißer Lage lebt, den später Nachtfrost,
Mut und Geduld des Winzers adelten,
Und daß die Blume, die dem Wachenheimer
Gerümpel Dr. Bürklin Wolfs entsteigt,
Ein irdisch-himmlisches Geheimnis darstellt.
Mir aber faßte Tiepolo zusammen
Den ganzen Mozart und den reifsten Pfalzwein,
Oktobersonne, warmen Herbstes Fernsicht,
Darin ein Silbernebel, aufgesogen,
Die Atmosphäre duftig unterkühlt.
Voll Laub noch alles, alles voll von Farbe,
Die Farbe voll Kontur, wie klargewaschen
Von eben erst gewesnen Regengüssen,
Die eben sich in lauter Licht zerlösen,
Und selbst das Nackte noch von Licht umschleiert,
Als sei ein mikroskopischer Metallstaub
Aus höchsten Höhen in die Erden-Aura
Hinabgetaut, die schöne Welt zu schützen
Vor Blicken, die das Schöne allzu heiß,
Erotisch roh genießen. Alles Schöne
Ist Eros par distance, verhülltes Schenken,
Ist körperlos Begehren, reines Lächeln
Und reine Träne, auch das Heiligste
Erotisch nach dem Sinne der Hellenen:
Das dunkle Glück der Menschen, mit Gebärden,
Die menschlich sind, im übermenschlich
Durchstrahlten hohen Jenseits abgespiegelt.

Wie eloquent und rührend fleht und handelt
Der alte Abraham dort vor der Wolke
Um die Verschonung Sodoms und Gomorrhas
Und ihrer Missetat – die Stirn gefurcht,
Hebt er vertraulich-pfiffig sein Profil,

Den schrägen Bart und die gelegten Hände
Von unten gläubig in des Bildes Mitte,
Ein ganzer Jude von der zähen Rasse,
Die sichs getraut, zur rechten Zeit zu bitten,
Am rechten Platz und mit dem rechten Worte,
Und blickt den obren, linken Engel an,
Der sich zum Fürsprech macht mit Mund und Finger,
Das Aug' im Himmel, und den Jammer Abrams
(Der fünfzig, vierzig, zwanzig Guten wegen!)
Dem Angelo centrale übersetzt;
Der aber schaut hernieder mit – wie sag ichs? –,
Prinzlich gelangweilt oder mit Reserve,
Mit Kindertrotz, vielleicht mit Mitleid, oder
Hat er Limit nach unten, Kenntnis gar,
Daß an dem Schwefel- und dem Feuerregen,
Den Gott sich vornahm, nichts zu ändern sei?
Und hellblau knittert auf dem Engelsknie
Gebauschte Seide.. In Madrid, vorm Sterben,
Hat Tiepolo den selben Vorwurf nochmals,
Wie in der Jugend schon zu Bergamo,
Ein drittes Mal ergreifend abgewandelt,
Nur Skizze abendlicher Schattenlagen:
Abram im härenen Gewand am Boden,
Klein dunkles Menschenwrack ins Bild hinein,
Vom Hirtenstab bis an den Rand verlängert,
Und oben, doch jetzt schreitend auf dem Lichtdampf,
Betrachtet Gottes Bote, kaum erreichbar,
Inhaber großer Majestät und Jugend,
Mit horchendem Gesicht ein fernes Land.

Ein Fürst der Maler malte dieses Rätsel
Von Sparsamkeit und Kraft, ein tragisch tiefer,
Gewaltiger Dichter, und unendlich wohl tuts,
Dem Aufgang solchen Sternes, den man liebte,
Den nun die Welt aufs Neue sieht, als hätte
Sie niemals ihn verdunkelt, beizuwohnen.

Der schwache Erbe? Letztling einer Zeit,
Die schon verurteilt war, dahinzuschwinden?
Welch falsches Etikett! Das Rokoko
Besaß an Mannessinn, Kultur und Schärfe
Und auch an Herzensreichtum, an Geschmack,
Weit mehr als die Romantik, die da schmähte,
Was ihr im Wege stand, die nicht begriff,
Daß statt in Rankenwerk und Wollust-Sesseln
Der Spätbarock in festumrissen starken
Persönlichkeiten kulminiert, im Prinzen
Eugen, in Cathérine »le« grand (nach Ligne),
Im zweiten Friedrich, Goya, Talleyrand
Und nicht zuletzt in Tiepolos Gemälden.

Das Selbstportrait der Residenz zu Würzburg,
Wohin der Fürstbischof von Greiffenclau
Den damals höchstbezahlten aller Künstler
Durch außerordentliche Ambassade
Wie einen König bitten ließ und strengstens
Am Honorare, das er fordern werde,
Zu feilschen untersagte, dies Portrait
(Im Treppenhause, Ihr erinnert Euch,
Mit seidnem Schal zu Häupten der Kartusche),
Es fehlte in den Räumen der Giardini,
Naturgemäß, doch schwebte überall,
Einmal gesehn, für immer unvergeßlich,
Sein witterndes Gesicht, die Falkennase,
Das Angespannte seiner braunen Augen,
Die schmale Eingesunkenheit der Schläfen,
Das helle Ohr vor dunkler Baskenkappe,
Der ganze Habitus des leidend kühlen,
Besessen Distancierten, der, wie Burckhardt,
Die Wahrheit herzugeben nicht gewillt ist
Für bloßen Schein – auch wenn er (gleichfalls Burckhardt)
Die Mittel für den *schönen* Schein bereithält.
Zunächst indessen nimmt er der Erscheinung

Genaues Maß, bevor er sie poetisch
In Licht und Lüfte hüllt, in Zauberspiegeln
Ihr Seelenwesen heimlich funkeln machend.

Es haben die Berufnen dargestellt,
Was Augen tun in seinen Bildbezügen,
Und wie sie leben, nur aus Blickverschränkung.
Da war ein kleines Bild vom Alexander,
Vor dem wir lange Zeit uns still verweilten:
Der Mazedonierkönig mit Lampaspe
Zum Zwecke des Portraits im Atelier
Des höchlich renommierten Herrn Apelles,
Vornehm gewandet modisch alle drei
En style d'époque, dix-huitième siècle.
Von hinten rechts, erbsfarben um die Leinwand
Sich beugend, schaut ein Mohr auf Malers Hände,
Der Maler aus der Leinwand aufs Modell,
Das, uns den Rücken kehrend, aufs Portrait blickt,
Im Halbprofil, den halben Raum durchglitzernd,
Indes der Räuber Asiens, Brust zu uns,
Im andern halben Raum ein Gleiches tut,
Den Pinsler kontrolliert, sein Liebchen aber,
Soweit in Öl schon fertig, bohrt vom Malgrund
Die unerbetenen Betrachter nieder,
Und unterhalb der Staffelei fixiert uns,
Zum Bellen aufgelegt, aus schwarzen Knöpfen
Ein Bologneser Hündchen. Alexander,
Wie alle Diktatoren ungemütlich,
Scheint ebenfalls geneigt, demnächst zu knurren.
Das ist bei Großen so, und wetten möcht ich,
Es habe der Kollege Tiepolo,
Verkleidet als Apelles, bittre Dinge
Vom Herzen sich geschrieben, demonstrierend
Mit leiser Ironie, was er empfand
Bei derlei Staatsbesuchen: wie das knistert!
Obwohl noch nichts geschieht, es *wird* geschehen –

Noch ist die Spannung Zustand, und man fühlt sie
Elektrisch sich zum nahen Blitz verdichten.

Ich will gewiß nicht jedes Bild beschreiben,
Doch blieb mir die Versuchung des Antonius,
Von Mailand aus der Brera hergeliehen,
Ein Großformat, bedeutend im Gedächtnis –
Vermöge dessen, daß auch hier ein Zustand,
Mit Namen Sinnlichkeit, gegeben wurde
Und ganz beruhigt aussagt, was zu sagen.
Die Sinnlichkeit als Zustand und als Ruhe:
Dazu gehört denn freilich reife Kunst
Und Kenntnis dieser Welt. Denn Sant' Antonio,
Im weißen Barte, liegend aufgestützt,
Starrt in den Boden und bemerkt durchaus nicht,
Was mit der köstlichen Versucherin,
Die *ihn* versuchen sollte, vorgeht – nein,
Er sieht sie nicht, sieht nicht die Brüste glühen,
Sieht weder, daß auch sie zu Boden schaut,
Nach links hinaus, an ihrem Leib vorbei,
Noch daß ein Anderer die Hauptperson ist:
Ein schöner, seelenvoller junger Mann,
Der fledermausgeflügelt auf der Wolke
Sich auflehnt, seinen blauen Lendenschurz
Als Mantel um die Mädchenschultern breitet,
Sehr liebevoll die Buhlerin beredend
Zu der Versuchung, die sie wenig lockt.
Viel eher lockt sie wohl der Überreder,
Der mit den Augen ihre Augen sucht.
Der Schelm, der Teufel! techtelt da und weiß es,
Er wird dies Stückchen Fleischlichkeit bekommen,
Wofern nicht schon geschehn, und um den Heilgen
Braucht man sich Sorgen ernsthaft nicht zu machen,
Hat doch der Liebe Gott es eingerichtet,
Daß Luzifer mit Luziferischem
Magnetisch sich berührt – und doch, welch Einfall:

Der Teufel seelenvoll! ein Mann zum Träumen,
Ein Held und Sieger, durch und durch von Adel!
Nicht wahr: es wäre schwer, ihm zu verfallen,
Hätt' er den Bocksfuß und den Bocksgestank,
Die Satyrfratze, Fransenschwanz und Haarbausch,
Welch widerwärtige Mißgestalt ihm ehmals
Von kleinren Meistern angedichtet wurde.
So aber wirds den Damen wirklich bitter,
Ein Nein zu formulieren, so erst sind sie,
Wenn standhaft, wirklich stand- und tugendhaft.

Auch uns Modernen fiel es gar nicht leicht,
Uns von dem liebenswerten Herrn zu trennen,
Der uns gewissermaßen philosophisch
Beschäftigte, als dethronierter Engel,
Nicht als Begehrer jenes prallen Weibes,
Anstifter, Unternehmer, Chef – was immer.
Und rissen wir uns endlich los, so nur,
Um auf dem Wiederholungsgang von Neuem
Uns den Geheimnissen geheim zu nähern,
Die in den auserwählten dieser Bilder,
Und letztlich unergründbar, zu uns sprachen.
Ich zähle sie nicht auf, es waren fünfzehn,
Vielleicht auch zwanzig, die wir sonderten
Vor allen Übrigen, und dreimal, viermal,
Mit immer reicherem Erfüllungsglück,
In immer tiefere Bewußtseins-Schichten
Zum Lebens-Notvorrat hinabversenkten.
Hagars Vertreibung, Christi Geißelung,
Großzügige Gemälde, groß gedacht –
Doch, wie gesagt, wenn Ihr sie nicht gesehn habt,
Die alte Frau, mit stummen Augen bittend,
Die junge, jung wie Hagar, und verächtlich,
Die Eismoral des kahlen Priester-Hochmuts,
Und gar das Schmerzens-Antlitz unsres Herrn,
Wie man ihn peitscht um unsrer Sünden willen,

Und wie er halb den Ruten ausweicht, halb auch
Ergeben ihnen steht vor seiner Säule,
An die man ihn, den Gott, als Menschen band:
Das alles ist in Worten andeutbar,
Mehr nicht. Die Geißlung hängt in San Alvise;
Hängt dunkler dort vielleicht, und anders nicht
Wird sichs verhalten mit der Kreuzestragung,
Dem kolossalsten Tiepolo. So freilich,
Wie hier in den Giardini, wird man nirgends
Sie nach der völligen Gewalt ermessen,
Um sie laut Goethe »herzenein« zu nehmen.
Dennoch, Ihr Freunde, wenn sichs macht, fahrt hin!

Denn das verdient sie wohl. Vier Meter breit,
Drei hoch, so stand sie frei und steil im Raume,
Auf grauem Rips-Podest, kühn italienisch,
Und schräg!, was ich in deutschen Musentempeln
Gar niemals sah. Diffusem Lichteinfall
Die Flanke bietend, jede Blendung meidend,
Erlaubte sie den Abstand und erlaubte,
Daß wir die ausgeleuchteten Lasuren
Ganz dicht betrachteten, die Dornenkrone,
Und Christi Hand, und die erschöpften Züge,
Und ihren Schreckens-Abdruck auf dem Schweißtuch
Veronikas am rechten untren Bildrand,
Erlaubte gleichwohl auch, die ungeheure
Komposition an Farben und Gestalten
Vom Nebensaale her aus vierzig Metern
Entfernung als ein Wohlgeordnet-Ganzes,
Durchdacht-Geglaubtes, denkend zu durchdringen.

Die Dimension ist mehr als malerisch,
Ist plastisch, perspektivisch-geometrisch:
Ein Stück entsetzlicher Spiralkraft dreht sich
Vom Tal herauf und sichtlich unentrinnbar,
Vorüber dem Beschauer rücklings aufwärts

Nach Golgatha, der Schädelstatt vorm Himmel,
Die drohend, eine dunkle Wächte, hangend
Den Mittelgrund verstellt; davor Pilatus,
Weißgelb die Toga, seine Stirn im Lorbeer,
Der Einzige, der keinen Anteil hat
An der Spirale, deren Pol er ist,
Die um ihn kreist, gefügt aus Kreuz und Leibern,
Trompeten, Hellebarden, nackten Rücken,
Aus Schultermuskeln und gebäumtem Roß,
Gebärden, Händen, Turbanen, Standarten,
Unendlichem Gewimmel von Figuren,
Die, wenn man nachzählt, knapp zwei Dutzend Menschen
Zu grausem Vorgang wild und still versammelt,
Gesittung, Roheit, Mitgefühl, Verzweiflung,
Entsagungsvolle Demut, dumpfes Stieren,
Gleichgültigkeit und Schmerzes Überlast,
Neugier und Hilfsbereitschaft, Schaudern, Trauer –
Ein Abbild unsrer Welt. Denn dieser Mord
War Politik der priesterlichen Kaste
Und dieser Fall ein abgetretner Casus
Der römischen Besatzungsmacht an Juda,
Womit Rom selber nichts zu schaffen hatte.
Hier aber denkt allein der Gouverneur
In großen weltlichen Zusammenhängen;
Nur er, dem niemand vorschrieb, der Tragödie
Die Ehre seines Beiseins zu erweisen,
Begreift als Staatsperson, begreift als Seele
Die seelische Tragödie dieses Mannes,
An dem er keine Schuld fand, der da hinsinkt
Zu Füßen dessen, der ihn retten könnte
Und ihn nicht anschaut in der Todesschwäche,
Begreift auch sich, und daß es nicht genügt,
Ja, daß man schuldig wird, wenn man platonisch
Beiseite steht, die Hand in Unschuld waschend,
Statt einzugreifen durch ein Herrscherwort.
Indessen sind die Hände ihm gebunden,

Er ist ja Rom, man sieht die Hände nicht,
Der Kreuzesbalken hat sie überdeckt,
Und eben schlingt man, eben um die Stelle,
Da seine Hände sind, den Strick ums Holz,
Dem armen Delinquenten aufzuhelfen,
»Dem Mann der Schmerzen und umgeben von Qual.«
So heißt es im Messias-Oratorium –
Musik, durchwogt von Bildern. Hier durchwogt
Musik der gleichgestimmten Kraft ein Bild,
Gemalt von einem Miterlebenden,
Der unsre Herzen kennt, auch das des Pontius.
Wann wäre je *sein* Drama so ergreifend,
So ausweglos beklemmend dargestellt
Wie hier von Tiepolo? Verstehend christlich,
Rückt er das Schauspiel innrer Einsamkeit
Und inhumaner Staats-Entschlüsse mitten
Ins volle Licht – das ist nicht *meine* Deutung,
Ist Deutung aus dem Geiste des Gemäldes,
Und seltsam scheint mir, daß sie nicht bemerkt wird
Von denen, dies behandeln. Fängt man doch
Beim Bildbesprechen an mit der Zerlegung,
Und legen wir von den vier Ecken her
Die Linien durch, so gehn sie durch des Pontius
Pilatus' Brust, sie schneiden sich in ihm,
Der strahlend sauber, teuer weiß gewandet,
Als Einziger die Farben auf sich sammelt,
Ein schwerer Mann, die hohe Stirn in Falten,
Die Brauen steil verkrampft, die Lippen fallend,
Und nur mit seinen Augen voller Kummer
Lenkt er den Blick, der ihm als Rom gebührt,
Schräg abwärts in die Tiefe fürchterlichen,
Barbarischen, von ihm, dem kaiserlichen
Statthalter, nie zu billigenden Leides.
Dazwischen nur die Riesenlast des Kreuzes,
Die braune Muskelpracht der Kriegerarme,
Und Licht und Luft, erfüllt vom Leisesten,

Was unsre laute Erde kennt: vom Pulsschlag
Verschwiegener, erhabener Gedanken,
Die nirgendwo sich treffen – dicht beisammen,
Zu Pontius Knien kaum zwei Meter Trennraum,
Sind die Gedanken Christi schon dort oben,
Auf Golgatha und in des Vaters Himmel,
Nicht bei Pilatus; keiner kann zum andern,
Und jeder weiß, der Kelch will ausgeleert sein
Bis in die letzte Bitternis der Neige.

Wohin mit solchen Herzen? solchen Klammern,
Die uns das Herz abschnüren? Glaubt mir, enden
Möcht ich am liebsten die Epistel, enden,
Bevor das Senkblei de profundis wieder
Hinaufsteigt und die seichten Stellen lotet,
Denn wunderlich sind in dem Stromprofil
Der Seele, wenn sie reist, die flachen Bänke,
Flutrinnen, Strudeltöpfe, Felsenreste –
Zu schweigen von den wechselnden Gezeiten
Von Kälte und Besonnung, Mischgefühlen..
Obwohl ich das Gemälde oft in Büchern
Schwarzweiß reproduziert gesehen habe,
Hatt' ich doch nicht gewußt, es werde derart
Mein eignes Wesen in Bewegung setzen,
Daß ich am Schlusse stumm, und stumm mein Weib,
Ganz ohne jegliche Verrechnung dessen,
Was wir da taten, auf direktem Wege
Den summenden Kulturpalast verließ,
Wortlos die Palmen der Allee durchschritt,
Wortlos die Vaporettofahrt verschmähte,
Zu Fuß die Richtung nahm in fremdem Viertel
Und erst beim Essen Via Garibaldi
Mein Gleichgewicht zurückfand – wies ja sein muß.
Und nicht an Kellners Daumenabdruck lag es,
Wenn weder Suppe noch Spaghetti, weder
Cinzano bianco noch Lagunenluft,

Kurz, überhaupt gar nichts mehr schmecken wollte,
Auch nicht mehr Tiepolo, denn am biglietto
Hing noch die Ca' Rezzonico, Venedigs
Munizipalmuseum, Ort des Treffens
Mit einem Herrn, der uns nach Rom im Auto
Chauffieren wollte, aber dann nicht kam,
Und um die Pseudo-Tiepolo-Plafonds
Hats nicht gelohnt, Palazzo Labia machte
Die Tür nicht auf vor uns, der reiche Spanier
Beteiligte mit seinen schönen Fresken
Sich an der Mostra nicht; es schmeckte weder
Am Bahnhof der Espresso noch die Kirche
Der Scalzi (nur San Geremia etwas,
Das Innre, ein Zentralraum), nicht die Fische,
Die wir zu Abend speisten am Palazzo
Flangini, und durchaus nicht schmeckte endlich
Am Markusplatz die Wiederholung Quadri:
Kein Oberbürgermeister, keine Stimmung,
Statt ihrer eine Invasion von Deutschen,
Die sich benahmen, wie mans nicht goûtiert,
Von zweien Omnibussen ausgespieen
Und in den Wunschtraum der Touristik schmählich
Hineingestemmt. Wir gingen früh zu Bett.

Der Morgen fuhr mit Sonne goldnen Sturm auf,
Mit Gold durchschoßne steife Brise Blau,
Die auf dem Campanile uns beblies,
Als ob sie uns von dannen fegen wollte
In Wirbeln Staub, auch er vergoldet, Sandstaub –
Und unter uns, in der Lagune schwimmend,
Im funkelnden Aquamarin, die Stadt:
Das blasse Inkarnat der Ziegelpfannen;
Der weiße Marmor; graue Markus-Kuppeln;
Der Piazza und Piazzetta Teppichmuster,
Bestickt mit Mücken, deren Hüte flogen;
Die Palmen und die Gondeln; Innenhöfe;

In dunklen Schluchten winzige Kanäle;
Die fernen Öltanks; und der ferne Dampfer
Jenseits der langen Mole, letzten Bollwerks
Und letzten Werks der Republik vorm Ende:
Die Adria, mit dichten Wolkenfrachten
Und scharfem Licht bestückt auf Wogenkämmen,
Und sieh, noch hatte nimmerdar mein teures
Gemahl das Meer gesehn – hin denn zum Lido!
Da schnob ein wilder Wind, und blanke Farben,
Mit Schaum gekrönte Violettgebirge,
Aalschwarze Gründe, flaschengrüne Hänge
Aus nichts als Wasser, Muschelduft und Algen,
Wälzt' uns die See entgegen, leeren Strandsand
Mit rauschendem Geseufze breit beschwemmend,
Und lief zurück in ihre eigne Schulter,
Und wieder von sich selber überbrochen,
Tobt sie heran, ein ewig atmend Spiel.
Kein Mensch in den verlaßnen Badekörben,
Nur See und Küste, Himmel nur und Meer.

Ein angenehmer Gasthof lud zum Speisen,
Mit Recht Elvezia heißend, und gestärkt
Vertrauten wir uns neu dem Vaporetto,
Entschlossen, nichts mehr weiter anzuhängen,
Indem denn feststand, daß der liebe Autler
(Postlagernd keine Nachricht) uns vergessen.
Paar Kirchen noch, Salute, Gesuati,
Den Redentore, Isola San Giorgio,
Von wo das Panorama auf die Seefront
Und den grandiosen Rosenkobalthimmel
Ganz herrlich war, dann Kofferpacken, Zahlen,
Früh abends Padua bei letztem Lichte –
So das Programm. Und landend vorm Palazzo
Ducale, hatten wir wahrhaftig wieder
Den Stundenschlag versäumt der Bronze-Mori:
Siebzehn Uhr zwei, zu albern in der Tat!

DER DOGE ENRICO DANDOLO
FÄHRT MIT SEINEN GELIEBTEN MARCUS-KUPPELN SPAZIEREN

Zwar am Portale von San Marco zögert
Ich noch einmal und fragte die Geliebte,
Ob sie geneigt? Doch war sie durchgefroren,
Durchpustet ganz und gar, und ihr wie mir
Schien oder wollte scheinen, daß wir einzig
Der Kreuzestragung wegen nach Italien
Gewallfahrt seien, daß nun nichts mehr lohne,
Und daß wir beim Fratello uns in Rom
Zunächst vielleicht ein wenig ruhen müßten.
Sie sprachs, und unter Trippeltauben schritt sie
Gescheit und resolut quer-piazza aus
Und hatte freilich mit dem Angelo
Conducitore nicht gerechnet, der sich
Vorm Durchgang zu dem heilgen Sprengel Mosis
Postiert hielt, sie beflüsternd: »Warum nicht?«
Da hielt auch sie und sagte: »Warum nicht?
Ist es denn ausgemacht, daß die Enttäuschung
Von gestern früh definitiv war? Laß uns
Noch einen Blick hineintun in den Dom!«
Die Gute! wie wir eilten, Hand in Hand!

Dem edlen Engel ziemt das höchste Lob:
Da war nun alles, wes das Herz bedurfte,
Da waren Fremde nicht, da waren Beter,
Und Kerzen flammend aufgestellt die Hundert,
Da war makabres Düster, letzter Tagschein
In fünf immensen Kuppeln, die sich dämmernd,
Je mehr der Dochte angezündet wurden,
Mit goldnen Mosaiken öffneten,
Im Glitzern immer mächtiger sich wölbend;
Da war der Gold-Altar der Pala d'oro
Von sattem Leuchten gralhaft überschimmert,
Die Litaneien und die Responsorien
Erfüllten murmelnd, schwellend, ebbend, schwellend
Das weite Gotteshaus; da schauten Statuen
Halbdunkel aus der halben Höhe nieder,

Da knieten Beichtende, und Priester rauschten
Mit majestätischer Gewänder Knistern
Unirdisch durch die Menge, die sich teilte;
Da waren Andacht, Gläubigkeit, Versenkung
Und Glück der Reue, Aufblick war zu Gott
Und Gottes Dienst und göttliche Erhebung
Zu ihm, der unser Kreuz trägt, und da war auch
Das ganze wundervolle, große Märchen,
Aus dem des Abendlandes Wirklichkeit
Zweitausend Jahr hindurch Gestalt gewann,
Das Märchen Orient im Okzidente,
Ex oriente lux, und Spezereien;
Meßglöckchen klingelten, und Weihrauch wölkte,
Wir gingen leise auf den Ausgang zu,
Und ganz genau in selbiger Sekunde,
Als wir benommen-feierlich-erhöht
Hinaus ins fliederfarben leichte Pesnegrau
Des frühen Abends traten, läuteten
Die Glocken aller Kirchen von Venedig
Im unisono wie auf einen Schlag,
Ein himmlisch reiner Chor, den Nachtchoral;
Wir standen zitternd, überwältigt still –
Da drehten auf dem Uhrturm sich die Mohren,
Steif in den Hüften, und die Bronzehämmer
Beschlugen sechsmal langsam das Metall.
O Freunde, lächelt nicht! und preist Euch selig,
Wenn Ihr Venedig so erleben dürft,
Wie's uns beschieden war, Anfang und Ende
Gigantenhaft um eine Riesen-Mitte
Als Harmonie-Akkord gruppiert, darin sich
Die Kantilenen von knapp fünfzig Stunden
Verfingen, um besänftigt auszuströmen!

Auch Nachhall zählt dazu, Canale grande,
Die schwarze Fahrt zum Bahnhof, und die Bahnfahrt
Im schwach erleuchteten Coupé, das Sinken

Der Nacht, die alles einschlang und mit samtnem
Erbarmen dichterisch die terra ferma,
Venedigs Festland-Kolonie, bedeckte –
Und *nach* Venedig sollte Padua
Nicht mehr besichtigt werden, denn man kanns nicht:
Es hat dann nichts mehr seinen Rang, nichts heitert
Den Nörgler auf, nichts freut, gar nicht einmal
Palladios hübsche Villen an der Brenta,
Dem Trauerfluß, der eingezwängt in Dämmen
Kanalisiert dahinschleicht, von der Tram,
Von Industrie begleitet, Armuts-Dörfern,
Elektromasten und Abscheulichkeiten
Jedweder Art. Das ist Arkadien auch,
Ist nicht nur Traum und Sonne, ist ernüchternd,
Wie in der Welt so Manches, dran man Sehnsucht
Und reiche Phantasie gehängt hat. Brenta!
Die Sommersitze der Patrizier! Lieblich
Glaubt ich dies Fleckchen Erde, zum Entzücken
Hofft ich bebaut mit zieren Park-Anlagen
Dies hochgelobte Paradies, ein Fruchtstück,
Vergleichbar dem der Monti Berici,
Die vorvorgestern bei Vicenza uns
Recht froh gelacht und unsre offnen Sinne
Recht süß gestreichelt hatten. Lags am Dunst heut?
Im Omnibus durchsausten wir die Felder,
Entstiegen ihm in Strà, und fünfundvierzig
Minuten später nahm der Gegenwagen,
Ein rotes Ungetüm, uns wieder auf,
Zurückzu, verso Padova, nachdem wir
Im Höllen-Tempo die komplette Villa
Pisani Raum für Raum (auch fünfundvierzig)
Uns einverleibt, Napoleons Badewannen,
Kamine, Möbel, Miniatur-Portraits,
Intarsien, Paravents – o Führungs-Stumpfsinn
Und höchst gleichgültiges Schloß, en grand carreau
Um ein Zentral-Juwel herum gebaut,

Das wir expreß von vornherein, weil eilig,
Zu sehn begehrten mit ganz klaren Worten:
La sala solamente – – Hört der Mensch nicht?
La sala cogli affreschi tiepoleschi!
Um Mittag ging der Direttissimo
Nach Rom, das Telegramm war unterwegs
Und dieser Bus die einzige Verbindung:
Ihn zu verpassen Katastrophe! Cito,
Citissimo, Signor, ancora cinque
Minuti ultimi! Drei Schritt voran ihm,
Wie Schlepper stampfend, zogen wir ihn endlich
Aufatmend in die Pracht. Quattro minuti!

Es bleibt erstaunlich, was man in so kurzer,
Gehetzter Zeit, wenns wahre Kunst ist, auffaßt:
Ein Vorgeschmack Madrid, Erinnrung Dresden
Und allernächste Nah-Erinnrung gestern
Des hingepinselten Oval-Entwurfes
Zum Luft-Transport der Casa di Loreto
In ihren herrlich abgestuften Tönen
Von Ocker und Türkisblau; auf den ersten,
Befangnen Blick (obwohls ein Spätwerk) nicht so
Gewagt wie in Madrid die tolle Drehung,
Mit der Merkur sich vom Zenit hernieder
Kopfunter durch den Zephyr stürzt, ein Bussard
In Schwärmen von Eroten. Gleichwohl sprach uns
Auch hier der Putten jauchzendes Gepurzel,
Der Fama doppelte Posaune an,
Apotheose der Pisani, weiße,
Grell kumulierte Wasserdampf-Terrassen,
Lindgrün und rosenfarben überhauchte,
Gebauschte Wolkenlust, und Fleisch und Seide,
Und Glück und Majestät, und kühle Frische!

Ja, frisch und kühl, das wars! nichts mehr vom diesig
Durchsonnten Frühglast seiner Valmarana,

Nicht das diffuse Leuchten mehr von Würzburg,
Maimorgen nicht, nicht Julihitze: Klarheit,
Unendlich transparent. Die Atmosphäre
Ist herbstlich zwar, doch italienisch herbstlich,
Und wirklich jauchzt sie, knatternd jauchzt der Wind
Und fegt den Himmel rein – kein müder Greis
Hat das gemalt, ein straffer, im Oktober
Des Lebens und des Ruhms noch wundervoll
Beherrschter Liebender der Jugend-Anmut.

Due minuti .. Und mir fiel der Krieg ein,
Mein Unvermögen, im Entfernungsmesser
Die grauen Skalastriche vor dem Flugzeug,
Dem hoch im Graublau silbrig ziehenden,
Nicht planimetrisch, sondern plastisch, tiefen-
Gestaffelt, räumlich zu erkennen, kubisch –
Hier konnt ichs plötzlich. Plötzlich sah ich greifbar
Das Kreisen der Gestalten und Gewänder,
Auf unsichtbar gezeichneten Ellipsen,
Hyperbeln und Segmenten sich bewegen,
Bewegung ganz in sich, wie von Planeten,
Die über uns im Largo-Wirbel wandeln
Und dennoch königlich beruhigt scheinen,
Weil, wenn sie stünden, die enormen Massen
Nicht mehr gehalten würden – die Gewichte
Sind leicht nur, wenn sie kreisen, kreisen, kreisen ..
So kreisen hier die Amorettenketten
Mit unerhörtem Rechtsdrall in den Äther,
Sich überschlagend in der eignen Achse,
Die von der Achse ihres Flugrings abweicht,
Und um den Ring schreibt Fama einen zweiten
Zentrifugalkreis, rittlings zu dem ersten
Aus Flieh- und Schleuderkraft sich zeugend, unten
Steigt kulminierend, halb schon wieder sinkend,
Ein drittes Flugspiel als Parabelscheitel
Dem Rechtskreis links vorüber, ihn verdeckend

Ein kurzes Stück, dazwischen aber atmet
Die Höhenschichtung, beide Kreise reinlich
Vor unsern Augen auseinanderschiebend –
Mit nichts als Farben presto hingetuschte,
Dem nassen Kalk vermählte Illusionskunst!
Das Haupt im Nacken, starrten wir empor,
Und schwindlig wie von Schampus-Rausch begannen
Wir uns in uns zu drehn – das war, als schmölze
Ein unerklärlich Etwas alles Feste
Des Körpers um und zöge es als Goldfluß
Magnetisch zu dem Tiepolo-Plafond:
In himmlischer Entschwernis, wie wir manchmal
Sie, wenn wir schlafen, ahnen, schwebten wir
Als selbstvergeßner Teil des Engelsreigens..

Ein zaubrischer Moment, ein paar Sekunden,
Mehr nicht, doch zaubrisch. Engel brauchen freilich,
Um sich aus solchem Tanze, der sie aufhob,
Zurechtzufinden, keinen Anhalt, weder
Andrea Brustolons Geländer-Ranken,
Die vom Balkon im piano nobile
Den Saal umfassen, schön doriertes Schnitzwerk,
Noch brauchen sie des schnöden Zifferblattes
Entsetzensschrei. Gejagten Laufs erreichten
Wir eben noch die Omnibus-Fermata,
Und somit Padua, und somit Giotto.

* * *

Die padovanischen Kapellenfresken..
Ich weiß, Ihr meint, ich müsse Giotto lieben
Trotz Tiepolo, weil zu verschiedenen Zeiten
Die Perfektion der Künste divergierend
Und nicht vergleichbar, also relativ ist –
Wogegen beide, absolut, das Höchste,
Was in der Zeit war, konzentriert erfaßten

Und es mit angespanntestem Bewußtsein
Zur Form verdichteten. Und dennoch zwangen
Die Fresken der Cappella dei Scrovegni,
In Rängen aufgereihte Bilderfolgen,
Mich nicht zur Andacht, leer ging ich von hinnen,
Mit steifem Hals, wiewohl da manches Schöne,
Das ich zu Haus bequemer mir betrachte,
Aus eng gebauter Mißmuts-Kahlheit nieder
Mich sprechen wollte, ohne mich zu kennen,
Der ich bereit bin, was den Schuppen angeht,
Ihn als Affront zu nehmen, als den Ausdruck
Des Stiftergeizes, unverdientermaßen
Zu Ruhm gelangt: man demoliere ihn
Und bringe seinen abgerollten Mörtel
Auf neue Wände, auf zugänglich helle,
Moderne Räume, die in Einzelkojen
Die einzelnen Stationen Blatt für Blatt
Vernünftig überschaubar machen – staunend
Wird man bemerken, daß sie besser wirken.

Denn hier, im Gegensatz zu Giambattista,
Herrscht kein Kausalzusammenhang von Tatort
Und künstlerischer Tat. Wer den Palazzo
Dugnani beispielshalber nicht gekannt hat,
Beim Luftangriff auf Mailand eingeäschert,
Und findet die beizeiten abgenommnen,
Geretteten Gewölbezwickel hängend
Als Türsturz ausgestellt in den Giardini,
Dem sind sie nichts und sagen ihm auch nichts,
Beziehungslose, traurige Relikte.
Und vollends in der Valmarana: wäre
Die Malerei zu trennen von der Umwelt,
Die Wand vom Hause und das Haus vom Garten,
Der Garten von der Landschaft, von der Sonne?
Die Sonne hats bebrütet, Bach und Acker
Umduften köstlich die gemäßen Farben,

Und so gehts weiter: Landbau in den Zimmern,
Und unter Bäumen ritterliche Feste,
Geträumt-Gelebtes, Gegenwart, Historie –
Ein raffiniert naives Ineinander
Von Spiel und Kunst und Dasein und Natur!

Bei Giotto nichts davon. Im Grunde sind es
Danteske Tafelbilder, ernsthaft steif.
Und daß sie mir an jenem Tag nichts sagten,
Lag wohl daran – die Rückschau macht gerechter –,
Daß das Erlebnis Tiepolo zu mächtig
Vibrierend in mir nachklang. Und nun schweig ich
Von ihm, von Strà, von Padua, von Giotto,
Schweig von Mantegnas halb zerstörten Fresken,
Von herber, dürerhafter Strenge schweig ich,
Verschone Euch mit Schilderung der Kirchen
Und red von Donatellos Reiterstandbild
Ein andermal, heut nicht; bitt Euch, nur eben
In Sansovinos Universitätshof
Hineinzublicken, Loggien im Quadrate,
Wo ich das Wappen meiner Ahnen leider
Vergeblich suchte, sie studierten hier,
Und so hat Padova doch etwas Gutes,
Ansonsten aber zog es uns nach Süden,
Es war so nördlich hier, so unarkadisch,
Und fast mit Sehnsuchtsweh geschah es endlich,
Daß wir die Uhr befragten, ob der D-Zug
Nicht jetzt recht baldig zu erwarten stünde.

* * *

Und nun dies Rom! dies Kolossalmuseum,
Agglomerat aus Zeiten, Völkern, Stilen,
Mirakulöses Chaos, kompendioses,
Grandioses Ungeheuer einer Weltstadt,
Die weder Anfang noch Gestalt noch Mitte

ROM – VOX AETERNITATIS ET POPULI

Noch Ende hat noch irgend etwas, keine
Massive Straße, die ihr Rückgrat gäbe,
Nicht Fuß, nicht Kopf, die wildeste Versammlung
Vom Ungleichwertigsten, was diese Erde
Nur immer bieten kann auf einen Haufen!
Doch ganz gewißlich werde ich mich hüten
Vor einem schnellen Urteil nach acht kurzen,
Im Angesicht der Ewigkeit verbrachten
Dekonzentrierten Tagen, die ich plaudernd
Mit dem seit fünfzehn Jahren nicht gesprochnen
Fratello teilte.. Rom ist solch ein Wesen,
Bei dem man spürt: es liegt da wie ein Tier,
Ein Urwelt-Petrefakt, ein Brontosaurus,
Der die Besuchermücke überhaupt nicht
Bemerkt: in sich versunken liegt er da,
Schildkrötenhaft, aus braunem Panzer träge
Zur Sonne blinzelnd, und man müßte Monde
Darinnen wohnen, Jahre, ja Jahrzehnte,
Nicht wie wir deutschen Stippvisitenmücken
Von einem Schildpattbuckel zu der nächsten
Der nachgeahmten Peterskuppeln hasten,
Von Forum schnell zu Forum, von Palazzo
Zu hundert anderen Palazzi, Brunnen,
Kapellen, Höfen, Galerien, Plätzen,
Getreppten Aussichtspunkten, Tempeln, Gassen,
Kastell und Kolonnade, Brücke, Ufer
Und Gärten, Pyramiden – eh man wirklich
Mit kleinem Rechte sagen darf: ich hab es,
Ich hab ein Urteil, habe Rom gesehen
Und kenn es nun. Wir warfen unsern Soldo
In das Geplansche der Fontana Trevi,
Dem Aberglauben frönend, der behauptet,
Die Spende zöge ihren Spender wieder
Nach Rom, und wenn sie dies getan hat, wenn uns
Die Brunnen wieder rauschten, will ich gerne
Mein heutig Unvermögen korrigieren,

Will Rom beschreiben, doch in schönrem Versmaß,
Elegisch-klassisch, will die Augen schließen
Vor dem, wies jetzt ist und was jetzt geschieht,
Denn das verträgt sich nicht mit Klassik, sondern:
Hat man dergleichen Ehrgeiz, muß man edel
Kritiklos träumen und Vergangnes feiern,
Als sei es, weil vergangen, schon erhaben.

Ob mir das je gelingt? Ich zweifle füglich,
Zumal ich weiß, daß mein Geschichtsbewußtsein,
Vertrackt allgegenwärtig, tausendfältig
In jedem Steine mir den warmen Stempel
Des ewig unzulänglich Menschlichen,
Den Hefeschaum, die Gärungs-Bazillose,
Den Kampf, das Leben überliefert; Farbe,
Nicht nur den Gipsstaub; Blut, nicht nur Gedanken;
Den Reiz des Zufalls; des Momentes Glück;
Und Materielles eng mit Idealem
Verschwistert bis zur Unauflöslichkeit.

Man sagt, ich stöhne unter Bildungslasten..
O gar nicht – was nicht gar? Soweit mir Fakten,
Weil blaß und leblos, nicht sofort entsinken,
Trägt mein Gedächtnis leicht an ihnen, spült sie
Herauf, wenn ichs am wenigsten erwarte,
Leiht den Erscheinungen Relief und Schatten,
Würzt mir vergnüglich die Navona-Brunnen
Vor Sant' Agnese mit Rivalitäten,
Bernini mit Rainaldi, Wasserschlachten.
Papst Innozenz der Zehnte fällt mir ein,
Und Degenhelden, Leichen, Kardinäle,
Triumphe, Pest, Verrat, Belagerungen;
Erzkanzler Dassel; Schlaun, die Münsteraner
Palastarchitektur; und Piranesi;
Und Heemskerck, wie die Peterskirche damals
Als Torso lag; Finanzverlegenheiten;

Stilbrüche und Verzagnis; Erbanfälle,
Den Bau beschleunigend; ein Tod, ihn lähmend;
Conclave und mediokre Kandidaten;
Dann plötzlich ein Profil; die Ungeduld
Der hochbetagten Herrn; des Papstes Krückstock
Und Michelangelo, zur Kunst geprügelt;
Die Medici; die Apothekerpillen
In ihrem Wappen; überhaupt Florenz;
Grausilbergrünes Wehen der Oliven;
Und Brunelleschis Kathedralen-Kuppel;
Giardino Boboli, das steife Treffen
Des Herrn George mit René v. Rilke;
Palazzo Pitti, die Replik in München,
Loggia dei Lanzi, Bayerns Feldherrnhalle;
Feldmarschall Kesselring, die Arno-Brücken,
Botschafter Rahn, die Sprengung inhibierend;
Von da ein Hüpf hinüber zur Lagune;
Und Hofmannsthal; »Gerettetes Venedig«,
Unaufgeführtes, wundervolles Drama;
Die Macht der Zehn, Gestapo des Barock,
Fatale Folie: glitzernde Kanäle,
Schlammtief gefüllt mit heimlich Umgebrachten;
Das Arsenal, der deutsche Condottiere;
Gesandtschaft Greiffenclau; Wilhelm der Zweite,
Sein Damen-Tee-Besuch; und Wagners Ende –
Ich bitt Euch wirklich, hunderttausend Fäden
Spinnt ein Gehirn von selber, garnt sie, knüpft sie
Zu einem Teppich, dessen Muster Dunkles
Und Helles kombinieren, Lust und Grausen,
Das kaum Bekannte mit dem Allbekannten,
Gesehnes mit Gefühltem, Abgeschiednes
Mit noch Vorhandenem, und Anekdoten,
Geschichte, Kunst, Gedenk-Inschriften auch,
Die Regenhusche und den Straßennamen
Mit einem Klang Musik, mit Kaiser Otto
Und Versen von Horaz: was heißt da Bildung?

Das ist all-eins, und dafür sind wir Menschen,
Daß aus Gesprächen, Büchern, aus Gazetten,
Schaufenstern und Gesichtern uns gewagte,
Verrückt-phantastische Assoziationen
Anfliegen wie ein Virus mit dem Windhauch,
Das haben wir seit Olim so gehalten
Und werdens weiter tun, auch wenn die Armen
Sich von dem bißchen Geist für überfordert
Und meine Fäden für zu kraus erklären;
Sie sind halt manchmal überzwirnt, das macht nichts –
Man *muß* nicht lesen. Wem ein Buch mißfällt,
Der klapp es zu und geh ins Colosseum,
Den Fußballplatz des Kaiserlichen Rom.

Ich sage Fußballplatz zu dieser Wanne:
Ergänzt doch meine Bildung mir die ganze
Brüllmasse Volk (auch wieder Jacob Burckhardt),
Die auch dort saß, circensische Gemetzel
Und panem fordernd mit Brutal-Instinkten –
Woran man erstens sieht, daß siebzehn, achtzehn
Komplette Saecula, was das kommune
Idolbedürfnis, Gaff- und Raffgier angeht,
Uns keinen wesentlichen Fortschritt brachten,
Die Bildung aber zweitens vor dem Fehlschluß
Uns immerhin bewahrt, die Leute hätten
In jener Riesenstraußeneierschale,
Zu Viermalhunderttausend auf den Rängen,
Gescheiteres geschrien, gedacht, empfunden
Als heutzutage das fanatisierte,
Multiplizierte Kollektiv-Tollhaus,
Das vor Begeistrung tost, sobald ein Boxer
Des Kontrahenten Nase blutig schlägt.
Bei unserm Aufenthalt in Roma gab man
Im Circus maximus Tenorkonzerte –
Lokale Tradition: schon Nero sang.

Ist es nicht hübsch, zu wissen, daß der Liebling
Zur Laute sang, sein Rom in Asche legend?
Kurzum, wo ich auch bin: ich habe Bildung
Ganz ausgesprochen gern, ich mag sie leiden,
Sie zeigt mir Dinge, die *sie* sehen möchte,
Nicht ich – wie sollt ich ohne Bildung ahnen,
Daß Rom nicht kennt, wer nicht das Land gesehen?
Besuchen doch sogar Amerikaner,
Aus Bildungstrieb, von Ämmelfai zu schweigen,
Zumindest Fräsketai und Taivolai.
Mich zog es nördlicher, nach Caprarola..
Und das war gut, sehr gut, dort sieht man weder
Kaugummivolk, noch hört man Gummi sprechen,
Noch hat man irgend transatlantische
Gedanken und Ideensprünge, nichts mehr –
Ja, selbst die Kunstgeschichte, deretwegen
Man letztlich kam, wird trotz der Fünfeck-Festung
Mit ihrem Loggien-Rundhof und der Wendel
Ganz schnell zur Nebensache, schnell besichtigt,
Nach langem Warten zwar, doch welchem Warten!
Davon erlaubt mir, Freunde, zu erzählen!

Wir danken diese Fahrt dem kleinen Umstand,
Daß unser Herz grundsätzlich nicht bereit ist,
Erlittne Übeltat dem Übeltäter
Mit Grollen nachzutragen – ausgenommen,
Bekannt sei das Motiv und ehrenrührig.
Vergeßlichkeit ist *kein* Motiv; Fürst Ligne
Fand, daß zerstreute Leute angenehm sind,
Er wars wohl selber, und zerstreut vermutlich
War jener Herr, der sich zu Köln für Gianni
Battista Tiepolo entzündlich zeigte,
Das Vestibül der Ca' Rezzonico
Vier Uhr am letzten Nachmittag der Mostra
Zum Rendezvous bestimmend. Wir verlegtens,
In Rom nun einmal weilend, unbefangen

Auf den Gianicolo, wir tranken Kaffee
Bei dem erschrocknen Mann, mit weitem Ausblick
Auf die Sabiner, die Albaner Berge:
Worauf uns die Padrona (sie chauffierte
Und hatte von dem Venezianer Plane
Die Ahnung nicht) für nächsten Mittag anbot,
Ihr leicht zerbeultes Wägelchen zu schirren,
Die Wahl des Zieles unsren Lüsten lassend.

Wir wählten Caprarola, wo Vignola,
Der Meister-Architekt der Renaissance,
Teilhaber ihrer Vaterschaft (aus Büchern
Geläufig mir) den Räubern, den Farnese,
Am Hang des Berges ihren Land-Palazzo
Errichtete, den wollt ich stehen sehen
In seiner Umwelt, wolkenüberflogen,
Luftkoloriert. Bedrohlich schlenkernd, querten
Wir unter Stoßgebeten – Serpentinen
Hinauf, hinab – die Felsen-Nester Sutri
Und Capranica, Horste, auf die Hügel
Randkühn geklebt aus Angst vor den Farnese,
Und noch verwegner, enger: Ronciglione,
Verfilzte Treppen, lauter Bühnenbilder,
Quer überall Dachpfannen, Hausgemäuer,
Haustürme, terrakottablonde Kirchen
Mit rosa Ziegeln, und vorm Auto muhend
Die elefantengrauen Rinderherden.
Dann wieder Tal und Feld, und Wein, und Hütten,
Dann wieder Kuppen, drauf in goldnem Laube,
Rotgelb, neapelgelb mit Resten Chromgrün,
Maronenwälder prangten, bunte Menschen
In blauen Hüten rüttelten an Stangen,
Mit Früchten unsre Straße übersäend.

O schönes Land! Dies Caprarola zieht sich
Aus weiter Mulde einen langen Hang hoch,

Ein mächtig Dorf im Schutz der Baronalburg,
Die Straße steil vom Flankenfuß nach oben,
Früh Abend wars, von überallher trieb man
Das Vieh dem Stall zu beim Geläut der Glocken,
Und plauderte, am Strick die Leitkuh haltend,
Mit Nachbarn in der dunklen Häuserschlucht,
Maultiere, Ziegen, Schafe, alles wogte
Geruhig auf dem Pflaster, niemand störte
An unserm Hupen sich, Karreten standen
Mit schräger Deichsel da, die Kinder spielten,
Ein Jagdhund hob das Bein, aus Fenstern plantschte
Ein Abwaschguß, die ersten Lichter blinkten
Im schwarzen Ern, es roch nach Herbst und Obst,
Nachtmahl und Dung, dem scharfen Fell der Tiere
Und hohem Frieden wie sonst nirgends mehr,
Mediterran-antikem Ur-Verhältnis
Zu Erd und Himmel, heidnisch fromm, durchblutet
Von bäurisch harten Leidenschaften, klaren,
Patriarchalisch gültigen Gesetzen.

Hier hat man Zeit. Pazienza.. Als wir oben
Am Rampenaufgang des Palazzo waren,
War eben auch der Führer mit der Führung
Davon, perduto, und wir mußten warten –
Kleinhalbe Stunde: ach, wie war sie groß!
Der ich nach Gärten lechzte, nach dem Schloßpark,
Dem Rundhof, nach der saftig grünen Sala
Del Mappamondo, auf die Wand al fresco
Gemalten Atlaskarten, kahlen Zimmern:
Hatt ich gewußt, als ich hierher verlangte,
Daß nicht Vignola, nicht die Papstnepoten
Mir das erregbare Gemüt auf immer
Umfangen würden? Ahnungslos gekommen:
Hatt ich gewußt, daß sich Horaz mir auftun,
Mit all dem ewig Edlen, das auch Rom hat,
Mir klingen könne, herrlich ernst wie Händel

Und heiter feierlich? Was keine Schule
Bei mir vermochte, diese Landschaft konnt es:
Der Mons Soracte, der von *ihm* besungne,
Vom Schneehauch zwar noch nicht beglänzt, da stand er,
Und *seine* Rinder, tutus bos, die Fluren
Umwandelnd laut Horaz, sie wandelten
Wahrhaftig wie Latein vor meinen Augen,
Und *seine* Bauern, wenn wir blieben, würden
Zum Sonntag wie seit alters, mit den Füßen
Im Tanz die Tenne schlagen. Manches muß man,
Um es gerecht zu sehn, um es zu fassen,
Dort wos geboren wurde sehn: im Lande;
Und muß den Berg Soratte, wie er heut heißt,
Die hingewuchtete Gigantenschulter,
Den Dreiecks-Nacken, leben, beben sehn,
Wie wechselnde Beleuchtungen ihn färben,
Ihn überspielen, ihn beglühn, gesichthaft
Als Herrscher ihn beweisen, göttlich ehrend,
Was da als Zentrum allen Umkreis knechtet.

Zerschmolz nicht auch mein Ich in dieser Sphaere
Des Abends auf Italien? Glaubhaft wär es.
Begriff ich doch, fast starr, zum ersten Male,
Was Abend ist. Welch ungeheures Atmen
Geht durch den Leib der Welt und ihre Seele,
Wenn sie sich schlafen legt! Die blaue Stunde..
Heure bleue, die süße Töterin der Worte,
In diamanten schimmernden Lasuren
Beschwebt sie fröstelnd mit geheimen Schatten
Die Tälersenken, füllt unwahrnehmbar
In jede Höhlung Traum, hebt von den Hügeln
Die Horizonte auf und leiht sich Sonne,
Von irgendwo ein helles Jenseits spiegelnd,
Und führt doch schon die Nacht an ihrem Gürtel,
Umstrickt mit diaphanen Dämmerungen
Die Bäume, daß sie schwarz sind, und die Berge

Mit hellblau-neblig-dunstigen Pastellen,
Beeilt die Wege, rieselt in den Bächen
Und fürchtet sich vorm Sterben, vor dem eignen
Nachtgürtel, der sie plötzlich umbringt, mitten
In ihrer Flucht. Streng kommt der Mond herauf.
Und unterm Monde, unter rieselnd kaltem
Kalkweißem Schlaglicht hart bei abgrundfinstren
Schlagschatten irrten wir dahin, die Kreuzung
Verfehlend, die nach Rom uns weisen sollte:
Veiano, graues Raubnest in der Ebne,
Mit Katzenschwärmen, in Ruinen schreiend,
Und dann Bracciano, Odescalchi-Festung,
Fünftürmig, fünfzehnhundert Meter Mauern
Hoch überm Ort und schwarzem, schwarzem See,
Wo noch das leiseste Geplätscher schaurig
Von immerwährender Gefahr spricht, Drohung,
Gewaltverhängnis, Grausamkeit und Rachsucht.

Ein wildes Land voll wildester Geschichte,
Sobald man einmal aus dem Großstadt-Dunstkreis
Den Schritt hinaussetzt in das Unbekannte!
Hier spürt man das Gespenst der Blut-Hyäne
Karl von Anjou und seiner Eisenhenker,
Das Kauern der Bedrückung, Zwingherrschaft,
Erst der, dann jener, fremde Invasoren,
Von Goten über Hunnen, Franken, Welfen,
Franzosen, Sarazenen, Päpsten, grausam
Gemetzel der Barone, bis zum Korsen,
Und anderthalb Jahrtausende so hin.
Und doch, selbst hier sind Witz und Ironie
Nicht ganz erloschen, wenn auch rustikaler
Als anderswo. Da wir den Fisch gegessen,
Entdeckten wir im ersten Stock des Gasthofs,
Im Herzen immerhin des Kirchenstaates,
Ein kapitales Späßchen: den Kaminsaal,
Den ein Tedesco gegen achtzehnsechzig,

Vermutlich um des Schulden-Kontos willen
Und weil er sonst verhungert wäre, wacker
Mit Fresken schmückte, nachempfundnem Rethel,
Das Bildliche sehr brav, den Katholiken
Gewiß kein Dorn im Auge, aber wonnig
Spruchbänder überall darum geschlungen,
Kernige Lutherworte, Ketzereien,
Todsünde, unbemerkt seit hundert Jahren,
Und wenn bemerkt, dann still vergnügt mit Kichern
Und Lippenbeißen eingesargt im Busen.
»È bello in verità!« rief unsere Wirtin –
Was wir bestätigten. Enormer Busen.

Ich muß von diesem Rom noch einmal sprechen,
Von Goethes Wort: »Was einem angehört,
Wird man nicht los, und würfe man es weg.«
Es meint bei ihm nicht Rom, doch gilts für Vieles,
Und so denn auch wohl für den Welten-Nabel,
An dessen Schnur wir hangen, halbwegs ahnend,
Von wann her und warum, zu welchem Ende,
Und bis zu welchem Punkt. Es nutzt uns gar nichts,
Zu sagen, Roms Kultur sei zweiter Hand,
Etruskisch-heidnisch, griechisch in den Künsten,
Im Glauben Morgenland, ein Durchgangsbahnhof
Komplexer Geistesfrachten, Handelstauschplatz
Für Dinge, die es selber nicht erfunden,
Nur ausgebeutet hat, sie überallhin
Im Schlepptau seiner Machtmaschinenwalze
Den unterjochten Völkern weiterliefernd.
Kraftströme lenkt man nicht von ungefähr:
Die Römer dachten auf Latein und praktisch,
So unsympathisch sie mir sind: genial
Verstanden sie, das schwierigst Komplizierte
Faßbar zu machen in so knappen Formeln,
Wie man als Staat sie braucht, den Staat zu sichern,
Erobertes zu imprägnieren, Stempel

Zu brennen ins Gemüt der Unterworfnen.
Von hier her sind wir Christen, sind wir Heiden,
Sind Griechen über Rom, Konglomerate
Auch wir von unvergornen Elementen,
Barbarisch-atavistischen Partikeln,
Die unversehens, plötzlich, jedes einzeln
Auf einem Gang von zwei, drei Straßenzügen
Im Blut aufbrechen, virulent geworden,
Das Hirn mit Fieber überschwemmend, hitzig
Und fahrig schlapp zugleich, dekonzertiert –
Getreues Spiegelbild des Universums,
Das Rom heißt und ein Sternen-Nebel ist,
Bombardement von Widersprüchen, Spannung
Maßloser Art, elektrisch überladen,
Abstoßend-attraktiv, nervös-gelassen,
Ein heißer Schüttelfrost, und dieser warf uns,
Am sechsten Tag mein Weib, am siebten mich,
Aufs Bett und aus der Bahn, nach sechsundfünfzig
Beziehungsweise einundsechzig Kirchen –
Und Heimweh kam uns an nach Notre-Dame,
Und bei so vieler Kunst Sehnsucht nach großer,
Demütig stolzer Kunst, nicht diesen weltlich
Pompösen, manieristisch-arroganten,
Extravertierten Festsaal-Kuppelfolgen
Mit ihren Gold- und Scharlach-Draperien.
Kurz: dort im Bett, vom Bruder unbelauscht,
Beschlossen wir beim Schlucken der Tabletten,
Hals über Kopf zu flüchten – nach Florenz!

Dem Himmel übrigens gefiel es gar nicht,
Daß wir verreisen wollten in den Norden:
Er bracht ihn uns nach Rom. Mit Weinen warf er
Sich auf das Pflaster schon des Nachmittags,
Beschüttete uns zornig, als wir herzlos
Auf dem Entschluß bestanden, abzufahren.
Worauf sein Toben, nicht sein Weinen nachließ,

Zum stillen Kummer mäßigte sein Zorn sich,
Und schluchzend fuhr er mit. Es goß in Strömen,
Mit jeder Regenschnur kam ein Stück Abend
Herabgerauscht – umdämmert und betrommelt
Durchschwebte unser Stahl-Leib schaukelnd, wiegend,
Ein leeres, düstres Land. Kaum noch zu sehen,
Spann sichs in Schlaf- und Trauerfäden ein,
Nachttrunken, klaglos, unnahbar verschlossen,
Allein mit sich. Wie wenig Dörfer, Städte,
Wie wenig Licht! das tröstliche Gefunkel
Erleuchteter Behausungen wie selten!
Wie karg das alles! Dunkel auch Orvieto,
Kaum zwanzig Lampen, und alsbald vorüber . .
Dann hob die Luft sich heimlich auf den Bergen,
Ich stand im Gang, am Fenster, und ein nasser,
Tiefblauer Streifen ging den Horizont ab,
In schwarzen Tinten eisig glitzernd zeigte
Sich kurz ein Stern, und schwand, kam wieder, losch,
Und als die Trasimenische Seemulde
An uns entlangglitt, riß, nicht sichtbar, oben
Die samtne Decke auf, ein schmaler Spalt nur,
Dreifach verhangen hinter Tränenschleiern,
Draus floß ein Mondglanz milchig hellblau nieder,
Die Hügel überrieselnd, als versuche
Die Nacht im Silberspiegel ihr verweintes
Gesicht zu prüfen, von sich selbst erschreckt.
Und ein paar Perlenketten, Reihen ferner
Laternen, schimmerten im Bodenlosen.
Für zwei Sekunden sah der See mich an,
Betautes Auge, unbewegt und ruhig,
Streng wie ein Gott. Mich schauerte. Die Wolke
Zog sich zusammen, ungeheure Schwermut
Sank ein von den Gebirgen der Toscana,
Und in dem Schatten ihres lastenden
Gefieders, dessen Fittichspitzen Erde
Und Himmel feucht in feucht aquarellierten,

Trat ich zurück. Wie leise Zugluft wehten
Die Geister der Geschichte durch die Fugen
Und setzten sich zu mir. Das alte Rom:
Wir hattens fortgeworfen, und da war es,
War wieder da, man leugnets, und es stiehlt sich
In die Gedanken, immer drängt aufs Neue
Das Uralt-Niegeendete verlangend
Aufsässig ins Bewußtsein, und man löst es
Nicht auseinander, denn dies Rom war hartes
Vulkangestein – mit eingesprengten Adern
Von Rosenquarz, geschmolznem Griechentum.
Was aber Härte tut, man ahnt es manchmal –
Ist doch Florenz auch Rom! und ist harmonisch;
Auch hier Etrurien; und auch hier, blutstarrend,
Das Haupt der Gorgo, schlangentriefend grausam.
Und gleichwohl doch zugleich der Traum vom Schönen,
Versöhnend Glücklichen – auf schwarzem Grunde:
O notte, o dolce notte, benchè nero..

Ich sah in einem Buche abgebildet
Den Blick aus Michelangelos Geburtshaus,
Ganz nah hierbei vom Lago Trasimeno,
Dem Orte römisch-punischen Gemetzels,
Bei Chiusi, höher freilich, droben, hoch,
Caprese heißt das Dorf, und Meilen, Meilen
Rafft sich die Iris, wenn das Lid nur einmal
Geöffnet wird, Steinbuckel, wild gestaffelt,
Verkarstet, übersät mit Winzigbäumen,
Bewälzt von Regenfrachten, unbarmherzig
Von Sonne dürrgestochen, windbeschnoben –
Welch große, tragische Gewaltlandschaft!
Und welche Hintergründe! Man begreift ihn
Nach solchem Bilde besser, seine Seele,
Den Seelen-Abgrund, die Melancholie,
Die ihn in Krallen hielt, und die er knirschend

Zu lieben vorgab, ein Berserker-Dichter,
Kein Weichling, sondern einer, dem das Wort
Ein Block von Marmor war, und der noch wußte,
Was Dichten heißt: sich selber auszumeißeln,
Gleichgültig, wer es liest, und in Sonetten!
Die Form! die Form! die Form! er schlug sie plastisch,
Und doch: man zwingt es nicht, titanisch nicht!
Denn von Titanen hat sich Gott noch niemals
Besiegen lassen, ihnen nie erlaubt,
Sich als ein Gott zu fühlen, nur im Rausche,
Und hat sie alle, Michelangelo,
Beethoven, Dante, Bonaparte, Victor
Hugo, gestraft mit ihrer zehrend-stolzen
Ruhmsucht, die keine Demut kennt und keinen
Verzicht, kein Lächeln, kein Bescheiden. Weltruhm,
Den gab er ihnen, schrecklich öden Weltruhm,
Und seltne Male, *wenn* sie sich beschieden,
Den Rauschmoment Verzückung, nicht Entzückung,
In welchen Worten sich das alles trennt,
Sogar das Echo trennt sich. Was zurückkommt,
Ist hektisch, hart, verzückt, nicht jenes reine
Entzücken wie bei Mozart, meist ein Gruseln:
Bewunderung, von Kälte unterströmt.
Ja, ich bewundre Michelangelo –
Den Maler, den Poeten, Architekten,
Bildhauer – und ich spüre Qual-Akkorde,
Besessenheit, entsetzlich, aus Gebirgen
Herausgehaunes Leid, nicht loszuwerden
(Weils einem angehört), nicht abzuschütteln,
Es sitzt im Nacken, zerrt sich mit der Pranke
Aus unsrer Seele, was ihm gleicht, hervor..
Doch wer darf richten? Ich bebau mein Feld
Da, wo ichs hab – ein Soli Deo Gloria
Geängstigt sprechend und den Himmel bittend,
Er möge mir nicht eines Tags verdüstern
Den heitren Sinn, der meine Früchte reift.

Es fehlt an Frösten nicht; und immer schweifen
Um unser Haus tellurische Dämonen.

Ein solcher Dämon griff am Florentiner
Hauptbahnhof nachts halb eins nach unsern Koffern;
Stumm schritt er aus in dunklen Seitengassen
Und hätte, bleischwer müde, wie wir waren,
Uns dem Gottseibeiuns abliefern können.
Die Glocke schellte; Schlüssel nahten klirrend;
Ein Guckloch tat sich auf; glutschwarze Augen
Fixierten uns, gebettet in kalkweiße,
Vom Gitter überschnittne Damenwangen.
Der Träger sprach drei Worte, zwei das Fräulein
Und öffnete; Geld glitt in seine Hand –
Aus ihrer Hand, dann aus der meinen gleichfalls.
Florenz war leer. Die beiden sahen aus..
Zum Fürchten, Verdi, Rigoletto-Schurken,
Verschworen, uns zu meucheln, auszurauben!
Doch hatten wir bei Tiepolo gelernt,
Es sei der Beelzebub ein Élégant –
Vermutlich macht ers feiner als die Oper:
Durch feine Leute, denen man nichtsahnend
Prompt auf den Leim geht. Wir erwachten lebend,
Ganz unberaubt in freundlich saubrem Zimmer,
Und draußen schien, obzwar bewölkt, die Sonne!
Florenz! Wir hüpften aus den Federn. Schampus
Lag in der Luft – die Fenster aufgerissen!
Jaja, es roch nach Frühling! Gott, wie fröhlich
War uns zumut, beschwipst entschwebten wir
Stadteinwärts, wo wir gar nichts weiter wollten,
Als die von Bildern her gekannten Dinge,
Den Campanile, Duomo, Battistero
E tutti quanti, was sich halt so anbot,
Rundum in Luft zu sehen, sphaerisch-plastisch.

Schwarzweiß gerastert taugt das alles wenig:
Kunstdruckpapier für Kunst? Behelfsheim! Kunst will
Umarmung! Geistig-körperhaft-erotisch
Ist Kunst! ist Raum, ist Farbe, Dimension,
Ist Erdsubstanz, zwar sublimiert vom Geiste,
Doch sinnlich! Wo sie nicht die Sinne, sondern
Die Ratio anspricht, blaß philosophierend,
Da überzeugt sie nicht. Ein sinnlicher
Begriff auch dies: gezeugt und ausgetragen
Wird Kunst in freilich rätselhafter Weise,
Organisch, obschon kein Organ bekannt ist,
Darin Empfängnis, Wachstum und Geburt
Vonstatten gehn. Die Seele, sagt man, sei es,
Die Seele, die, von keinem Anatomen,
Von keinem Chemiker bis heut gefunden,
Im Körper nirgendwo lokalisierbar,
Unleugbar existiert, sich nährt von Träumen,
Und der kein Traum zu hoch ist, ihn nicht dennoch,
Den himmlischen, hinab auf unsre Erde
In unsre Hand zu ziehn: da, Hand, nun wirke
Das zaubrische Gespinst! Beharrlich tut sies.

Wofür? für wen? Die Seele selber ahnts nicht.
Es ist ein Trieb in ihr, der uns von Gott kam,
Da er den eignen Odem blies in Adam:
Erinnrung seines Hauches, und Erinnrung
Ans Paradies, das unsre Wohnung war –
Nun baun wir Paradiese aus Erinnrung,
Vielleicht als heimliches Tabu dagegen,
Daß er den Kain mit Erbverdammnis austrieb:
Unstet und flüchtig sollst du sein – wir sinds nicht,
Solang wir in den Aether Marmortürme
Und Sinfonien gründen, Weltgedichte,
Mit Fenstern, daß der Liebe Gott hineinschaun
Und in uns nachsehn könne in der Seele,
Ob da sein Hauch noch sei, sein Funken knistre.

DAVID AM KREUZWORTRÄTSEL-DOM – RATLOS

Und möglich wärs – obwohl das Paradies ja
Gewiß viel schöner war, ein goldner Reichtum,
Von Gott entworfen eben –, möglich wärs,
Wenn uns ein ganz besonders Schönes glückte,
Er lächelt anerkennend, und er freut sich,
Wie Väter lächeln, dies zwar besser können
Und doch den Sohn ermutigen, Begabung
Mit Lobwort fördernd, um den Sinn fürs Große,
Fürs Ungemeine zu ermöglichen,
Und wenns dann dasteht, ist es Frucht von beiden:
Vom Vater, ders nicht sagt, und von dem Sohne,
Ders ganz allein vollbracht zu haben meint.
Solch ein Ergebnis ist Florenz; Gott freut sich;
Bestimmt, dies freut ihn, und er mag es gern;
Nicht nur Florenz, das Arno-Tal, Pistoia,
Auch Pisa, Siena, Lucca: die Toscana
War überhaupt vielleicht zu Adams Zeiten
Das Paradies, wer weiß? und manchmal stellt er,
Ich könnt mirs denken, nachts, wenn ihn der Bischof
Nicht sieht und alles schläft, sich an dem Dome
Zu Prato auf die luftige Außenkanzel
Und sagt zu unserm Werk, das er gemacht hat,
Wie bei der Schöpfung: »Alles ist sehr gut.«

Ein Tag, ein einziger, war uns beschieden
Per tutta la Firenze – unvergeßlich!
Denn siehe da, was man in Rom nicht kann,
Sich einen schnellen, großen Eindruck schaffen:
Florenz, weil es ein Zentrum hat, erlaubt es;
Wir stromerten nur immer um das Zentrum.
Die Medici-Kapelle auf dem Hinweg,
Ansonsten Domplatz, Piazza dei Signori,
Bargello, Boboli, der Ponte Vecchio,
Und Abfahrt Richtung Pisa! Nicht Uffizien,
Nicht San Miniato, gar nichts, gar nichts weiter –
Zwar kurz, doch herrlich, schmerzhaft zwar, doch schmerzhaft

Nicht um der Kürze willen: das Verzichten
Tut nicht so weh wie das Genießen weh tut,
Weil ja im übersteigerten Genießen
Von derart übersteigert hohen Dingen
Wie den Ghiberti-Türen, wie dem Perseus,
Wie Donatello, auch ein Ur-Verzicht steckt.
Keinmal gesehn ist besser fast als einmal;
Ob ein-, ob dreimal, sechsmal oder achtmal:
Man wills nicht mehr vermissen, bleiben will man,
Weil, wer die Schönheit angeschaut mit Augen,
Wie Platen sagt, ihr so verfallen ist
(Und hier sinds meine Worte), daß er wirklich
Sich von ihr reißen muß, doch ein Stück Seele
Reißt sich in solchem Abschiednehmen von uns
Und haftet an der Bronze – ganz der Vorgang,
Wie wenn man physisch mit den warmen Händen
Eiskalt durchfrorenes Metall anfaßt;
Nur daß verlorne Haut uns kaum zurücklockt,
Und daß in Psyches Fall (*sie* ists, die Frost hat)
Sich das Verhältnis umdreht: fern den Künsten
Herrscht Winter – um zu leben, braucht sie Sommer,
Und wo sie Sommer trifft, schmilzt sie hinein.

Ihr lieben Freunde: wenn Ihr in Florenz seid,
Schaut Euch die Türen an vom Baptisterium,
Zumal jedoch die dritte, von Ghiberti.
Ihr findet mich, und wär ich auch im Norden,
Zu jeder Zeit dort auf den Golderztafeln,
Ein kleines Glanzlicht, biblischen Geschichten
Nachspürend, modellierend die Konturen,
Im Dornbusch brennend, Brudermord abtastend,
Unstet und flüchtig, wie die Schrift es sagte,
Aufblitzend zwischen Abram und den Engeln,
Und leiser gehend vor der Königin
Von Saba, flimmernd in dem Garten Eden –
Bin ich doch hier mit Michelangelo

Der selben Meinung: diese Vierpaßfelder
Sind derart schön, sie wären wert gewesen,
Die Pforte in das Paradies zu bilden.
Der ganze Bau stammt aus dem Paradies,
Schon die Laterne auf dem Achteck-Steindach,
Die schlanke, edle Reinheit, paradiesisch,
Und so dann nieder in den Farbenschichten
Der Marmorlagen, drüben neu hinauf
Am Dom, am Campanile, all den bunten,
Satt leuchtenden, gestreiften, intarsierten,
Froh feierlichen, singenden Lisenen:
Mir schien wahrhaftig, daß die Wände singen,
Sie schmettern Wohllaut aus der vollen Brust,
Senkrechte, spiegelnde Parkette, Wogen
Von Glück erregend, steingewordne Malkunst!
Und auch Musik: Concerto grosso, marmorn!

Nicht ganz so marmorn war der Fiakerkutscher,
Dem wir am Battistero uns verkauften,
Wie Levantiner um den Fahrpreis handelnd
Zum Boboli – ich ahnte nicht, wie nah,
Wie lachhaft nah der renommierte Garten
Jenseits des Arno lag. Inzwischen weiß ichs.
Der Bursche wollte glatt sechshundert Lire –
(È troppo caro), gab mir nach auf fünf,
(È troppo caro), viereinhalb (auch das nicht),
Auf vier, und öffnete dem müden Weibchen,
Schon stieg sie ein, den Schlag.. È troppo caro.
Von oben sah mich bittend mein Gemahl an.
Ich sagte, daß ich lieber gehen wolle.
Da hielt mir dieser Gauner eine Rede
In Florentiner Dialekt, des Inhalts,
Für lausige dreihundertfünfzig Lire
Sei dem Cavallo nicht einmal der Hafer,
Das Stroh herbeizuschaffen, *tutto* è caro!
Ich bot ihm dennoch drei. – Cinquanta! – Tre!

Und hab es selten knirschender gesprochen.
Signora schüttelte den Kopf, ich reichte
Die Hand hinauf, hinunter ihr zu helfen:
Das half. Trecento; gut; è accordato;
Cavallo mio schenkt euch diese Fahrt,
Signori, weil im Augenblick nichts los ist!
Er sprachs, stieg auf den Bock, fuhr ab und klappte
Die Weg-Uhr, die verborgne unterm Leder,
Vor uns hernieder, wie die Vorschrift heischte;
Die Polizei verlangts – wer weiß das auch!
Der Taxameter zeigte hundertsechzig,
Als wir am Parkeingang des Pitti hielten.
Drauf schlug ich vor, uns noch zu San Miniato
Hinaufzubringen, doch der Ladro knurrte,
Das sei zu steil. Dann zum Palazzo Strozzi..
Signori, no. – Ma questa differenza..–
Fu accordato! Klapp! Si pagano trecento!
Mit großer Geste sprang die Uhr auf Null,
Und übervorteilt, wie ich war, bezahlt ich;
Wozu sich ärgern, wenn man dumm gewesen?
Ists mein Beruf doch, mich in andre Leute
Hineinzudenken – ecco: sein Gewinn,
Von Steuer frei, unfaßbar für die Innung,
Betrug einhundertvierzig, und da mein ich,
Der Kerl hat recht getan, zumal ich Pitti
Und Boboli auch ohne den Briganten,
Auch ohne Regen (der sich bald verzog)
Kaum höher hätte aestimieren können.

Den Rückweg machten wir gemütlich schlendernd
Zu Fuße ab. Man hat auch mehr davon:
Die Plätze öffnen sich beim Bummeln anders,
Und will man stehn, so steht man schon, a tempo
Den Schritt verhaltend. Unterm Porticus,
Geleitet von den Trakten der Uffizien
Und ihren breiten Traufen, flog das Auge

Den Rathaus-Turm hinauf – gewagte Schlankheit:
Ein schmaler, florentinisch geistverzehrter
Kopfbaldachin auf Zinnen, habichtartig
Das Land bespähend, und das Ganze steckte
In Schulterzinnen, wie ein langer Hals
In Plusterfedern, anzusehn gefährlich.
Darunter aber.. ja, was wär denn dieses!
Protznackt spazierten dort, familienweise,
Die schönsten Sonntagsgötter, Trumm-Idole
Der Damenwelt – und schon zog meine Eva,
Gelockt von kolossalen Männlichkeiten,
Mich auf den Platz, ins Licht, die Muskelschränke
Sich recht von nah und innig zu betrachten.
Fatal solch ein Moment! Als Leptosome
Und Sakkoträger konkurrenzunfähig,
Fühlt man unlautrem Wettbewerb buchstäblich
Sich nicht gewachsen: diese Hinterbacken!
Enorm! und diese Waden! dies statiöse
Brutalgehabe! dieses Kraftgebebe!
Dies kernig-knorrig-überlebensgroße,
Massive Fleischgewuchte – unfair! sag ich.
Und doch zum Glück ist alles nur von Marmor.

Da hat wahrhaftig dieser Herkules
Den Kakus unter sich gedrückt, beim Schopfe
Hält er ihn fest, und hat ihm mit der Keule,
Man siehts ihr an, sie wackelt noch, soeben
Eins auf die Stirn verpaßt, recht so! er wiegt den
Dummbeutel in der Faust, gleich wird er wieder
Wumm! auf die Pauke hauen. Nebenan
Wiegt David auch etwas, den Schleuderstein
In seiner viel zu übertriebnen Pranke
(So 'n schön jemalter Arm, laut Liebermann,
Kann jarnich lang jenuch sein), läßt das Spielbein
Schneeweiß in Kurve gehn, gleich wird er schmeißen,
Und neben David wieder haut (aus Bronze)

Mit Schwung die Judith ihrem Holofernes
Den Kopf herunter; deren linker Tischherr
Ist ein höchst sittsam sitzender Leone,
Marzocco heißend und aus Erz gegossen;
Drauf folgt ein Plantschebecken Kavallerie,
Mit feuchten Tiefseefräuleins, nackig (Bronze),
Die ihrem nackigen Besitzer (Marmor),
Genauer dem Besteher, dem Biancone,
Neptun auf deutsch, mit Jauchzehändchen winken;
Als nächster Herr der Mönch Savonarola,
Genauer eine kleine Bronzetafel,
Um darzutun: hier stand sein Scheiterhaufen,
Der mußte brennen, weil sein Gottesstaat
Das Künstlervolk nach Rom vertrieben hatte,
Und hinten reitet Cosimo, Gran Duca,
En maréchal romain quer übern Platz –
Der einzige nebstbei, ich muß es sagen,
In dieser assemblea di eroi,
Der, von dem Baume der Erkenntnis essend,
Vorher beim Schneider war; das heißt, auch Judith
Ist züchtig angekleidet, nicht sehr praktisch:
Fußlang gebündelt steht sie in den Schenkeln
Des Wüstlings Holofern, der ohne Nachthemd,
Man weiß warum, sich ihrem Nachthemd nahte,
Unahnend, daß ein Hackbeil drin verborgen –
Surprisen, wie man sie nicht liebt. Als Feldherr
Bevorzugt man gemeinhin offne Schlachten:
»Die« Schlacht, ein Femininum, nicht »das« Schlachten.

Nun gut, ob massakriert, ob massakrierend:
Selbst wer den Platz nicht kennt, muß stutzig werden,
Wenn er bemerkt, daß all die Blutrunst quasi
Halb automatisch fortfließt, munter zwar,
Ein Ausdruck liebgewordener Gewöhnung,
Doch sind die Helden nicht ganz bei der Sache:
Der Großherzog blickt angestrengt zur Seite,

Neptun, gesenkten Hauptes, stiert in gleicher
Diagonaler Richtung, Judith säbelt
Desintressiert und träumend vor sich hin,
Selbst David: keine Rede ist von Goliath,
Und gar der Herkules, der Demi-Dieu,
Die Brauen hoch gerunzelt, sehr befremdet,
Ein idealer Polizeiwachtmeister,
Trifft Anstalt, Kakus Kakus sein zu lassen
Und von dem Postament herabzubolzen,
Viel fehlt nicht, und er schafft dort drüben Ordnung.

Wo drüben? Ihr errietets, Freunde: Loggia
Dei Lanzi – ei, wie lockt sie Herkulem!
Und kurz, wir standen voller Ehrfurcht staunend,
Was da nicht alles so in Marmor (Bronze
Natürlich auch dabei) passiert – phantastisch!
Ein öffentliches Kriminalmuseum
Der allerersten Sorte, Kruditäten-
Bazar von Klasse und bei freiem Eintritt!
Empörend, schamlos! Vorne auf der Brüstung
Des offnen Kreuzgewölbes, bitte!, raubt sich
Ein Römer frech ein paar Sabinerinnen,
Selbstredend nackt! auch er! Dahinter knüppelt
Herakules (schon wieder dieser Bastard!)
Den eignen Oberstudienrat, den Nessus,
Per Keule nieder, einen Pferdemenschen,
Doch das entschuldigt nicht den Lehrermord.
Am Eingang (Vorsicht!) kullern mit den Tatzen
Zwei Löwen ihre Klickern, zwischen ihnen
Schleppt Menelas, zehn Schritt zurück, den Leichnam
Patrokli durch die Halle, an der Rückwand
Betrachten sechs antike Statuen,
Noch unverletzt, das grausige Getümmel,
Thusnelda aber, als Barbarin, trauert
Der Heimat nach und nimmt nicht Anteil, während
Das, was sie sieht, ihr immerhin Erinnrung

Nicht angenehmer Art erwecken könnte:
Ein Helm, ein Schwert, ein nackter Okkupator,
Nach Söldnersitte gleich mit dreien Weibern,
Eins untern Fuß getreten, eins im Arme,
Fest um den Leib gepackt, das dritte klammert
Sich ihm ans Knie und kriegt den Kopf gespalten.
Davor jedoch – und dahin schaun sie alle,
Großherzog, Ozean, Marzocco, Judith,
Klein David und der Polizeiwachtmeister,
Schaun fasziniert hinüber, und mit Recht –
Davor steht sinnend mit dem Schlächtermesser
Cellinis Perseus, durchgedrückt das Standbein,
Steht mitten auf dem tollen Wollustleibe
Medusens (schad um sie! doch tat sie ungut)
Und hält hoch in die Luft ihr schlangenwirres
Bluthaupt, von Schlangen tropfend, aus dem Rumpfe
Quillts auch von Schlangen, in den Sockelnischen
Tanzt Hermes, und Prinzessin Danae,
Ein wunderbares Mädchen, geht mit Perseus,
Dem Knaben, der auch er ja einmal war,
Und den als goldner Regen Zeus, man weiß es,
Ihr in den Schoß, den schönen, praktizierte,
Spazieren. Ach, das rührte mich im Tiefsten,
Hier in Florenz mit Danae, der süßen,
Der Lieblingsheldin meines Lieblingsbuches,
Ganz unversehens konfrontiert zu werden!
Wie zauberhaft sie über ihre Locken,
Die golddurchsponnenen, den Arm zurücklegt,
Und zauberhaft fließt von den Schultern nieder
Das Band, womit Bambino Perseus spielt.
Ists wohl das gleiche, ists das Wehrgehänge,
Das sich dort oben, Kontrapunkt zum Fleische,
Als einzige Bekleidung um den Brustkorb
Des Mannes schlingt, um seine prächtig nervig
Durchmodellierte Akt-Muskulatur?

Hier wurde uns die Plastik zum Ereignis;
Ganz närrisch wird man, wenn ein Meisterwerk,
Die Sinne derart überfahrend, auftritt.
Und als wir auf dem Weg zum Dom, in Absicht,
Den Innenraum noch einmal zu beäugen
(Wir mochten ihn durchaus nicht), am Bargello
Vorbeiflanierten, fiel uns Donatello
Des Reimes wegen ein – schon wars um jeden
Entschluß geschehn, Museen, da zeitraubend,
Zu meiden: Plastik! uns war plastikhungrig,
Wir gierten gradezu nach Körperwölbung,
Nach diesem Urgefühl gemeißelt harter,
Gegossen weicher, schmelzend hingeschmiegter,
In Luft sich rundender Vollperspektiven,
Die man umwandeln kann, mit Augen trinken,
Mit Blicken übergleiten und umarmen.

Da ist man nah an Gott, denn Plastik ist wohl
Von allen Künsten, wo nicht gar die frühste,
So doch gottähnlichste und Er ihr Vorbild,
Da ja auch Er, nach Seinem Bild uns schaffend,
Uns weder dichtete noch komponierte
Noch malte und uns dann das Leben einblies
Als einem Ölgemälde, sondern Ton nahm,
Ihn knetete und formte, bis er gut war,
Die Muskeln, Sehnen und Gelenke spachtelnd,
Und a priori freilich ihre Spannkraft,
Mobilität und Hebelwirkung plante,
So daß Er, statischem Gesetz enthoben,
Des Erzes nicht bedürfend, noch des Steines,
Es etwas leichter hatte als die Schüler,
Als Michelangelo, als Giambologna,
Cellini, Ammanati, Bandinelli,
Die Bildner der heroischen Versammlung
Vorm Rathaus zu Florenz – was wiegt die Bronze!
Und vollends Marmor! brüchig, wie er ist.

Da kommt es immer neu zu Kompromissen,
Die man bedauern kann und doch nicht fortschafft.
Ja wirklich, man bedauert Donatello,
Der sich in Padua beim Pferde Gatta-
Melata überlegen mußte, wie er
Den Scharrhuf stützte, was Verrocchio später
Beim Colleoni in Venedig anders
Und eleganter löste. Trotzdem zog ich
Das Padovaner Denkmal vor: die Ruhe,
Die darin herrscht, hat etwas Herrscherliches,
Sehr Überlegnes – aus dem Generalstab
Kommt dieser Mann, kommt der Paradehengst,
Indessen der venedische Kollege
Ein Streitroß reitet und, mit bulldogghafter
Troupiers-Allüre aufgereckt, den Platz
Vor Zanipolo zum Kasernenhof macht,
Der Archetyp des Donnrers vor der Fronte.
Wie dem auch sei: Verrocchio, Donatello,
In Rom Bernini, Giambologna hier,
Sie alle geben sich zwar sehr viel Mühe,
Mich in ein feierliches Grundverhältnis
Zur Staatsallmacht zu zwingen, die sie feiern,
Doch bleibt es ein Problem; Gepränge bleibt es,
Und teuer ist mir nur der Große Kurfürst,
Andreas Schlüters Glückswurf. Selbst Bernini,
Für den ich sterblich bin, wenn auch in Grenzen:
Er zwang mich nicht mit dem berittnen Kaiser,
Dagegen mit der Brunnenlust sofort,
Mit dem Tritonen! ja! das nenn ich Plastik..
Und wiederum Verrocchio nicht mit Brunnen,
Nicht mit dem vielgeliebten Fisch-Puttino,
Nein: mit dem David; Donatello gleichfalls:
Mit David; und dazu noch mit dem Amor,
Dem in der Wonne des gelungnen Schusses
Die Hose rutscht; und wieder *nicht* mit David
Kann Michelangelo mich überzeugen,

Und das, verzeiht, liegt nicht nur an der großen,
Mißraten disproportionierten Rechten;
Viel eher liegts an der Sujet-Behandlung.
Lest es doch nach: »Er war ein Knabe bräunlich
Und schön«, heißts in der Bibel, Hütejunge,
Ein Unschuldsbub mit heitrem Gottvertrauen
Und einer Kieselschleuder, die dem Goliath,
Dem erzgepanzerten Zweimetermann,
Fünftausend Erzlot bei sechsthalben Ellen,
Die Stirn zerschlug und ihn zu Falle brachte.
Ein Wunder! dichterisch geraffte Wahrheit –
Ins Bild gerafft. Wo bleibt das Wunder,
Wenn David, wie bei Michelangelo,
Als durchtrainierter, starker Bursch daherkommt,
Athlet und Dorfheld, ausgewachsen mannbar?

Mit um so reinerem Entzücken schaut man
Die konkurrierenden zwei Davides
Der ältren Meister an, Verrocchios schlanken,
Leicht melancholischen, erschöpften Jüngling –
Es kann auch Träumerei sein, ein Andante
Von haydn'scher Geschmeidigkeit, agogisch
Gespannt bis in die Lippen und den hübschen
Verwuschelten Frisurkranz – und den Mozart,
Den Donatello mein ich: süßes Jungchen,
So steht er da in seinen langen Locken,
Mit nichts bekleidet als dem schweifenden,
Von Laub umwundnen, flachen Tellerhelm,
Verspielt und zierlich, fast verlegen, sparsam
Adrett in seinem Knabenkörper, »bräunlich
Und schön«, und in der Hüfte eingeknickt,
Hält er des Goliath Schwert, und blickt zur Erde,
Und in dem reizenden Gesicht ist alles
Schon da, was Saul ergrimmte, das Naive,
Entwaffnend Ahnungslose, das beglückend
Zufriedne, und der dienstbereite Eifer,

Das Harfenspiel, die Musikalität –
Ein kleiner Prinz der Wiesen und der Weiden!

Und nun verrat ichs doch, es war dies Standbild,
Das zum Bargello ganz allein uns lockte –
Ganz plötzlich fiel mirs ein: da drinnen ist es!
Ich sah es oft auf Bildern, nun für immer
Mit neuen, tiefren Augen, tiefenplastisch –
Wie gut, daß wir den eitlen Vorsatz brachen!
Denn da war Manches noch, von Pollaiuolo
Die Büste Machiavellis, von Cellini
Nebst einer Büste Cosimos ein Windhund-
Relief, gekonntes Glanzstück; und Lorenzo
Ghibertis Preisausschreiben-Probearbeit
Fürs Battistero; Brunelleschis Gegen-
Entwurf, und viele andre Dinge; unten
Im Hofe endlich fesselte uns mächtig
Vincenzo Danti: aus dem Block gehauner,
Höchst fabelhafter Vorgang namens »Ehre
Besiegt das Laster« – fabelhaft, weil alles
Im Block sitzt, überzeugend übersichtlich
Und anatomisch richtig: unten kauert,
Hand hinterm Rücken, Knie an Schulterkugel,
Total verschnürt das Laster; ihm setzt Ehre,
Ein stolzer Jünglingskörper, stehend, herzhaft
Das Knie des Spielbeins in die Kiefergrube,
Die Linke drückt von oben ihm den Mund zu,
Quer übers Schreigesicht geprankt, die Rechte
Zieht schulterabwärts an dem Schlaufengriff
Des Gurtes, den er mehrfach um den Leib sich
Gewunden hat; ein Einfall, dieser Riemen:
Er schlingt sich durch die Gruppe unterm Laster
Hinweg zu Lasters Handgelenk und wird es
Im nächsten Augenblick ihm zwischen beiden
Verkrümmten Beinen scharf nach vorne reißen.
Abscheuliche Geschichte, unentrinnbar!

Und nun zum Dom? I wo! Zurück zur Loggia!
Wir konnten uns nicht sattsehn! Dämmrung fiel schon,
Da lösten wir uns endlich, Tee zu trinken,
Ein Tea-Room fand sich gleich am Platz daneben,
Und als wir Kurs zum Bahnhof nahmen, flammten
Scheinwerfer auf, im samtnen Abenddunkel
All was wir liebten festlich zu bestrahlen.

Der Schnellzug war fast leer, kolkschwarz die Nacht,
Mein Adam schrecklich müde, Fahrtgeruckel
Ließ mich entschlummern, und ich träumte selig.
Klein Perseus ging ich, spielend, durch das Düster,
An meiner Mutter Hand, wie schön sie war!
Hieß Danae, und war aus Gold getrieben,
Und funkelte beim Gehn mit ihren Schultern,
War völlig nackt, beblitzt von warmem Leuchten,
Das aus ihr selber kam – wie wölbten sich
Beim Schreiten ihre Knie, leise wogten
Die festen Brüste, und sie schaute schweigsam
Auf unsern Weg, den rabenschwarzen, traurig
Und sehr verschlossen, atmende Antike,
Uralt und ewig jung, voll Lust und Tragik,
Erotisch keusch, Natur und doch erschauernd
Vor dem, was über der Natur ist, über
Den Menschen aus der Dunkelheit auftauchend
Nach ihnen greift mit andern Glücksbegriffen,
Als wir sie haben. Seltsam sind die Träume:
Man weiß so Vieles – weiß nicht, *daß* man weiß –
Und untergründig geht das Wissen mit uns –
Vergiftend alles – ich, Klein Perseus, wußte:
Ich war ihr Sohn, und wars auch wieder nicht;
Sie eine Frau, so herrlich, warm und leibhaft,
Es klopfte ja ihr Puls in meinen Händen,
Und Liebe klopfte heiß von mir zu ihr hin –
Liebhaber war ich; und auch wieder Vater;
Und wußte doch, sie ist ja nur gedichtet;

Und wußte auch von wem; und haßte, haßte
Den Schrecklichen, der sie gesponnen hatte
Aus nichts als Luft und Worten; und dann sah mich
Wie Mond aus Wolken ein von Zorn verzerrtes,
Aus Silber modelliertes, bärtig wildes
Gesicht an, fratzenhaft, ward immer größer,
Und eine Riesen-Silberhand fuhr nieder,
Und meine Mutter, zitternd, ließ mich stehn,
Trat golden winzig auf den Zeigefinger,
Ging bis zum Teller, neigte still die Locken
Auf ihre Schulter und zerschmolz – ein Tropfen
Metall, wie eine Perle, aber weinend,
War alles, was da blieb von Danae,
Ein Tropfen schluchzenden Metalls.. Ein Märchen.
Und wie in Märchen immer, kams auch hier:
Ein Ruck und Bumms und schmerzliches Erwachen
An harter Fensterleiste, draußen Lampen,
Ein paar nur (hatten die so funkeln können?),
Die Bremsen kreischten, Empoli, wir hielten.

Ich muß wahrhaftig mit dem Benvenuto,
Dem Rauhbein, dem Cellini, einmal reden,
Ob er das goldne Mädchen mir nicht abtritt.
Er wirds nicht tun. Ein wilder Mann, das war er,
Doch welche Seele in dem Kloß von Erde!
Welch Künstler-Nerv, welch Grazie der Erfindung!
Ein Goldschmied! und doch nichts vom petit-maître!
Was für Gestalten: er! und Donatello:
Verrocchio auch! was für gesunde Leute!
Gewöhnt, an jeder Straßenecke notfalls
Ums bare Leben sich zu schlagen, kalte,
Entschloßne Kinder einer wüsten Umwelt:
Wie wußten sie zu träumen! Diese Davids..
Da ist noch alles wundervoll gebändigt,
Im Eros nichts von Schwüle, in der Süße
Nichts Übersüßtes, sondern Kraft und Wachstum

Und reine Freude an dem Spiel der Glieder,
Der Leiber und der Lichter – nackt im Nackten.

Von Empoli nach Pisa, kurze Stunde –
Euphorisch durch das Phantasma der Perle
In Benvenutos Hand: die Herzfiguren
Stehn in den Lebenslinien eingeschrieben;
Und lösen sich daraus; und gehn in andre,
In leichtre Leben über, unbesessen
Von Schöpferherrschsucht; aber dann erst werden
Sie für die Welt, was sie ihr werden sollten;
Man selbst hat nichts davon; es ist sehr gut so.
Genuß will keine Vorschrift – wir genießen
Ja Vieles durchaus schnell und oberflächlich,
Zum Beispiel Pisa, sehns und atmens ein,
Und dennoch wirkts im Innern irgendwo,
Und treibt sein Spiel, und wandert mit dem Blut um,
Derart geheimnisvoll präsent, daß mitten
Im Gotthardtunnel mir, im Wolkennebel
Des Fluges nach Berlin, beim Autofahren,
Und auf der Meereskimm vor La Rochelle
Ganz ohne jeden Anlaß plötzlich Pisa
Vor Augen schwebt, der weiße Marmorglanz
Am Stadtrand draußen auf saftgrünem Rasen,
Grünmondenhaft vom Flutlicht übergossen:
Das Battistero, Dom und Campanile,
Im Gras versunken, schneeig schwanenrudernd
Vor langer Camposanto-Bogenmauer,
Geschwellt und mächtig, Ghibellinen-Steinpracht,
Vier wahrhaft kaiserliche Bau-Juwele.

Wir waren ganz allein dort in der Nachtluft,
Scheinwerfer nur für uns, drei viertel Stunden,
Kein Mensch, kein Laut, das Gleißen nur der Fata
Morgana, und der weiche Wind vom Meere –
Für uns, für uns das alles hingedichtet,

Ein kostbar reich illuminiertes Buch,
Historie drin zu lesen, Sarazenen,
Raubüberfälle, weite Flottenmärsche,
Der Hohenstaufen Sehnsucht nach dem Süden..
Ja, hier begreift man das wehmütig tiefe
Kapitel von dem Umgetriebensein
Der schwäbischen Imperatoren, Kronen
Von Sonne suchend, erzgepanzert glücklich,
Die Federighi, Barbarossa, Manfred
Und König Enzio, Konradin, den ganzen
Arkadientraum des hohen Mittelalters,
Den Strom von Kunstbefruchtung, der noch immer
Den letzten blassen Nachfahrn magisch fortlockt,
Bis in das Nordgrau seinen Schlaf durchgeisternd.

In Pisa schläft man traumlos. Wovon träumen,
Wenn nicht von Pisa? Zwar die Stadt ist häßlich;
Da draußen aber, trotz des Campo Santo,
Darin der Brandkrieg wütete, ist Himmel,
Ist Paradies, und man versteht vollkommen,
Daß der Toscaner nirgend anderswo
Mag leben oder atmen als in dieser
Dreieinig heiligen Gemeinsamkeit
Von Land und Meer und Kunst. Gebirg und Ebne
Sind übersät von Chiusi bis Carrara
Mit Marmor von der schönsten Steinbehandlung –
Und schon das Wort Behandlung ist ein Wunder,
Wenn wir den Geist bedenken, der die Hände
Mit Spürsinn füllt für Maßverhältnis, Rundung,
Gewicht und Stand. Was Kunst ist, lernt man nirgends
So wie in der Toscana. Die Toscana
Jedoch, und wir beklagtens, war ein Anhang
Und hätte müssen Zentrum sein der Reise.
Man plant halt immer falsch – vielleicht zum Guten
Auch dies, als Vorgeschmack, als eigentlichen

Und wundervollen Reiz – wie man die Weine,
Wenn groß, erst kauft, nachdem man sie geprobt hat.

Weinproben habens in sich. In die Keller
Steigt man hinunter, unsrer Erde Urgrund,
Gewächse kostend, die in lang vergangnen,
Vergeßnen Sommern reiften – Wein vergißt nicht:
Der Wein hebt auf, was schön war, Himmelsfeuer
Und Steinfrost, die Aromata der Lüfte,
Die Nachtgedanken Gottes und sein Lächeln
Im Morgenglanz. Der Tropfen weiß es noch,
Und hinten auf der Zunge schmelzend, läßt er
Sie gleichfalls lächeln. Probt man aber viele,
So geht der alte Gott in unserm Kopf um
Und füllt ihn an mit Heiterkeit und Leichte,
Dem allersüßesten Welteinverständnis,
Und ein paar Stunden lang glaubt man zu ahnen,
Wie ers gemeint hat. Flüchtig ist das alles;
Essenz ist immer flüchtig – auch die Künste,
In ihrer Wirkung sind sie wie der Wein;
Und hat man schon nicht jeden Tag ein Fläschchen,
Geschweige acht, wie jener Weihbischof
Von Bingen auf dem Rochusfest bei Goethe:
Ein paarmal jährlich sollte man der Seele
Ein kleines Fest bereiten, daß sie trinke,
Was ihr vonnöten ist – erlesne Dinge,
Zum Beispiel Pisa, trotz des Naserümpfens
Der internationalen Extraklasse,
Die alles sehr Berühmte prompt für Kitsch hält
Und übrigens dort anzutreffen ist –
Am Tag natürlich, karawanenweise.
Die Kodaks klicken, die Snoblesse ergeht sich
Und rollt davon, des Schiefen Turms zufrieden,
An dem sie weiter nichts bemerkt, als daß er
Tatsächlich schief sei; nicht auch, daß er schön sei,
Auch ohne Schiefe schön und visitabel.

Sie fragen nach dem Wie der Schiefe weder,
Noch daß und wie man gegen sie, die Schiefe,
Ausgleichend angebaut hat, krümmt er sich doch
Aus seiner Vorwärtsneigung steifen Halses
Mählich zurück, und ihn besteigend merkt mans:
Gefühl wie Seekrankheit – auf Treppenstufen
Empor verliert man plötzlich jeden Boden,
Und niedertaumelnd braucht man plötzlich Muskeln,
Und Leute trifft man, die, als seis ein Jahrmarkt-
Zerrspiegelkabinett, veralbert juchen,
Um oben, übern Rand nach unten blickend,
Urbleich zu werden. Oh, den Turm von Pisa
Vergißt man schwerlich! Ein in sich verrutschter
Baumkuchen, steht er hinterm Schrein des Domes,
Und vor dem Schrein (wenn man die Augen schließt,
Um sich die Baugestalten einzuprägen)
Steht eine Birne mitten auf dem Rasen,
Das Baptisterium, und sie alle leben
Von wundervoll rundum gereihten Säulen,
Getreppten Hohlsaumgürteln – sie versetzten
Uns in ein Drehmoment, und dieses Drehen
Verstärkte sich im Taufkapellen-Innern
Beim Anblick einer Kanzel, deren Stützen
Im Kreis auf bronznen Löwenrücken schreiten,
Und fährt man ab, so scheint der Turm verzweifelt
Sich brustvoran den Fremden nachzuwerfen.

Nun kurz, ich gebe zu: wir waren trunken,
Toscanatrunken, ja das ging wie Rausch ein,
Und daß darauf ein schwerer Schädel folgte,
Versteht sich – dieses Genua: nicht lustig
Wars dort, nicht heiter, Regensturmwind fegte
Uns Staubgewölke um die Ohren, blies uns
Bei wachsender Erbittrung durch Paläste,
Von denen Universität und Balbi
Senarega wohl lohnten, aber zwanzig

NICHT NUR DER TURM,
AUCH DAS BAPTISTERIUM WAR URSPRÜNGLICH SCHIEF GEPLANT

Und immer schlechtre Säulentreppenhöfe,
Das war zuviel! Zuviel am Schluß das Essen,
Ich bitt Euch: kalter Fisch, kalt die Kartoffel,
Wie Aufschnitt aus dem Glasbuffet gezogen,
Und als wir motzten, warf die Direktion
In lauwarm Wasser beides, bracht es wieder
Und wunderte sich höchlich, daß wir gleichwohl
Den vitrinösen Hauptgang stehen ließen.
Pagare, prego! – Pronto! Eisern amtlich
Schrieb mir ein Kavalier die Rechnung aus:
Kein Fisch dabei; ich zahlte hohes Trinkgeld
Und lebe im Gedächtnis meines Kellners,
Un cavaliere, fort – sehr richtig: fort!

Um desto besser aßen wir spät nachts noch
Drei Schnellzugstunden weiter in Torino,
Im Regen zwar und in der Bar, die »40«,
Bar Vierzig, hieß, ganz einfach Bar Quaranta,
Und uns auf einem Leuchtschild WURSTEL anbot
Für neunzig Pfennig! – aber erstens: Regen
Tut in Turin nicht weh, man braucht den Schirm nicht,
Man wandelt unter Marmorkolonnaden,
Modernen, scheußlichen, die äußerst praktisch
Zu Häupten des Flaneurs die Nebenstraßen
Mit überqueren, was wir reizend fanden;
Dann zweitens, überhaupt, Turin, der Reichtum,
Die Eleganz, der Chic, die schönen Frauen,
So vornehm nicht wie in Florenz, doch chic halt,
So rassig nicht und edel, viel bewußter
Zur Schau gestellt, mehr Portemonnaie als Anmut,
Doch weit von Düsseldorf, noch kein Gestelze,
Noch eben grad Natur, noch Hauptstadt, halb schon
Paris und gleichwohl noch Piemont, Savoyen,
Residentialcharakter mit mondialem,
Lies: teurem Einschlag, Leichtsinnsbazillose
Schwebt lieblich in der gar nicht so sterilen

Alpinen Luft, das Geld gab sich von selbst aus,
Die Wurstel wuchsen in des Barbesitzers
Geschickten Händen, wurden aufgeschnitten,
Bestrichen, übertoastet, angebruzzelt,
Bespritzt, pastetisiert, geflammt, gewendet,
Besprochen, kaltgewellt, gekiekst, bepudert,
Gewirbelt, infrarot bestrahlt und endlich
In blau und grüner Festbeleuchtung magisch
Als Prachtarchitektur vor uns geschoben –
Dazu Konfekt! und Chianti! und als Krönung
Das unerhörte Kunstwerk einer Suada,
Die ihresgleichen suchte. Dieser Mann da
Hielt nur für uns, für meine stille Eva
Und mich, der ab und an ein Stichwort brachte,
Drei Stunden lang in herrlichem Französisch,
Als wären wir die Chamb' des Députés
Und er Minister, eine glänzende,
Dem falschen Sicherheitssystem und Frankreichs
Auswärtger Politik gewidmete
Anklagerede, rollend, grollend, werbend,
Verschlagen warnend, listig überlegen,
Tieftragisch zitternd, gestikulatorisch
Die Wurst als szenisches Objekt benutzend,
Sie teilend und sie neu zusammensetzend:
»Si vous prenez, Messieurs les diplomates«,
Rief er und hob sie hoch, »cette Allemagne,
Ce pauvre pays démorcelé«, und stach ihr
Die Gabel in den Leib, sodaß sie quurkste,
»Commodement en cadavre; wenn Ihr fröhlich
Das Industriebein abreißt vom Agrarbein;
Wenn Ihr versäumt« (er griff zum Senftopf zärtlich),
»Die Wunden zu behandeln« (er bestrich sie),
»Zu heilen und die Teile neu zu fügen«
(Er tats) »aus Furcht vor einem neuen Hitler«
(Und schob sie auf den Rost): »je nomme cela
Une politique myope, détestable..«

Er hob den Arm, den Lärm (vom Rost) zu dämpfen,
Ergriff sodann die Präsidentenglocke
(Den Zuckerstreuer), schüttelte sie lange,
»Les peupl' en général sont des dormeurs«,
Er lehnte sich verschränkten Arms genüßlich
Zurück, »sont bien des beaux enfants,
Qui rêvent! mais: il faut les surveiller
Aussi tranquillement qu'il rêvent – zut!«
Der Toast begann zu kokeln, »attention!
Et pardonnez mon zut. Alors: les peuples ..«
Etcétéra. Trühmaan, Stalihn, Schürschille,
Adehnoähr e tutti quanti kriegten
Ihr Fett, buchstäblich, und Italien wurde
Mit Deutschland eine Wurst. Triest? Autriche!
»Les Autrichiens, Messieurs: quelle vraie maîtrise
D'une politique bien sage et patientée!«

Mit Kindern zu politisieren ist,
Je vous le dis, wohl seine zwanzig Mark wert –
Die zahlten wir und schieden hochbeglückt,
Im Regen, wie gesagt, Gott, wie das rauschte!
Vom Kolonnadendach behütet, schritten,
Nein rauschten, tanzten wir berauscht nach Hause,
Berauscht vom Chianti, in den Gran Mogol,
Daselbst wir nächtigten. Auf halber Treppe
Gab uns der Rezeptions-Thekar (warum das?
Noch nie erlebt!) die Passaporti wieder,
Und singend tänzelten Adam et Ève
Très animés empor, vite vite au lit!
Der Regen sang sein Schlaflied, Regen weckte
Uns morgens auf, wir wollten zur Superga –
Der Paß war weg. Wir suchten wie im Fieber,
Im Kopf erst, dann im Zimmer: nichts zu finden.
Und Eva lächelte – sie nahms nicht wichtig,
Depapiriert zu sein. »Was bist du«, knirscht ich,
»Was bist du an der Grenze ohne Ausweis?!«

»Seit achtzehn Jahren«, sprach sie mild dagegen,
»Suchst du mir beizubringen, daß ich nicht so
Behördengläubig sein soll..« Oh, ich raste!
Dies Weib besaß, wie alle Evas-Töchter,
Den Schimmer nicht von dem, was uns bevorstand:
Nach Mailand fahren, Konsulat belagern,
Das letzte Geld verwarten, Antichambren,
Verhöre, Offenbarungseid, Gebühren,
Vortragstermine in der Schweiz versäumen –
»Jetzt machst du Panik, Schatz.« Jawohl, das tat ich,
Der ganze Großmogul half uns beim Suchen –
Perduto blieb das dumme Stempelheft,
Und als wir schließlich uns zu gehn anschickten,
Um ohne Stupinigi und Superga
Direkt nach Mailand abzufahren – ecco:
Da ich die Koffer zorngeschwängert aufnahm,
Ganz unten unter sämtlichem Gepäcke
Lag unschuldsgrün die Bundesrepublik,
Der Teufel hol sie, und aus Chianti-Dämmrung
Erwachte nebelhaft der Tatbestand:
Ein Taschentuch, um Schnupfen abzuwehren,
Heut nacht hervorgekramt – im obren Koffer
War keins, im zweiten auch nicht, erst im dritten,
Und Paß und Koffer, wie beim Händespiel,
Vertauschten Oben-Unten eins-drei-zwei.

Und draußen rieselte und rann und goß es
Mit Kannen aus dem Himmel. Macht nichts, macht nichts.
Hin zur Superga! In die Straßenbahn
Mit einem Sprung hinüber – schon durchnäßt!
Hatschi! Drei viertel Stunden Fahrt nach Sassi,
Man fährt entlang dem Po, dem hier noch jungen,
Recht stattlichen gleichwohl, breit wie die Donau
Bei Regensburg, und all den Regen mußte
Er fassen – wie das schüttete: in Strippen,
Bindfäden pausenlos – ins Meer mit ihnen!

Wir waren freilich eigentlich gekommen
Des Alpen-Panoramas wegen, das man
Von oben hat; noch hofften wir, der Bergsturz,
Auf welchem die Superga liegt (fünfhundert,
Sechshundert Meter ob dem Flusse), könne
Vielleicht uns dem Geseufz entheben, aber
In steiler Zahnradbahn entsank das Herz uns.
Wir sahn kein Gletscherfunkeln, kein Collier
Von Eisbrillanten um uns her gezogen,
Auch nichts vom Land Piemont, dem Lande »Bergfuß«,
Nicht Pinerolo, nicht die Fiatwerke
(Torinos Industriebein), von der Hauptstadt
Wahrhaftig nicht ein Dach – der Po: ertrunken –,
Ja selbst Juvaras große Wallfahrtskirche
Saß fröstelnd in Plumeaux, in Schwaden kurvten
Die Nebeldämpfe um das Peristyl,
Und gar die Kuppel zwischen Flankentürmchen
Erschien, um acte de présence zu machen,
Nur eben kurz, doch ganz abstrus bekleidet
Mit brodlig grauer Zipfelmütze, schmauchend.
Wie wundervoll muß dieses Bauwerk wirken,
Wenn Sonne es bescheint! im Regen störte
Der Provisoriums-Zustand – all der Marmor
Erweckte einen vorgeklatschten Eindruck
(Genau wie in Turin die Herrlichkeit
Des Doppeltreppenhauses an Palazzo
Madama, hinter dem sich ein Castello
Aus finstrem Mittelalter scheu versteckt hält):
Hier schiebt ein sechs-etagig unverputztes
Und ungegliedertes Carré den Splendor
Des wölbenden Zentralbaus vor sich her,
Und aus den sechs Etagen hängt die Wäsche
Von sechs mal hundert Elends-Wohnungen
Als Draperie hinab auf die Grablege
Der Casa di Savoia. Stilvoll ruhn sie
Trotzdem, die Könige und Königinnen,

Prinzessinnen und Prinzen einer alten,
Ganz aus Versehn verjagten Dynastie,
Die knapp vor einem Saeculum Italien
Aus einem geographischen Begriffe
Zur staatlichen Figur erschaffen hatte.
Man denkt an Wien da unten in der Gruft,
Und an den Escorial – das schläft wie Habsburg,
Nicht ganz so heiter, nicht so selbstverständlich,
Und nicht so streng – schläft aber sehr viel besser,
Als die Bourbonen tun in St. Denis –
Und wesentlich pompöser, als in Speyer
Die deutschen Kaiser schweigen: dies hier redet;
Konversation, und nichts von der Beklemmung,
Die uns in Speyer anweht, meldet sich;
Das Pilgrimhafte fehlt, es fehlt die Armut
Vor Gott, der düstre Ernst der Katakomben,
Das Dunkel, das Bewußtsein vanitatis,
Entäußerung der Macht und ihres Glanzes –
Das alles fehlt; hier hat man nichts entäußert.

Wir fuhren talwärts wieder, und es schien uns,
Als sei der Po bereits gestiegen, Regen
Floß an den Fensterscheiben unsrer Trambahn –
Ein Heimweh flog mit Kachelofensehnsucht
Uns bittend an, da in Turin wir schleunig
Von einer Straßenbahn in eine andre
Durch Pfützen sprangen, aber das Programm
Sah Stupinigi vor, Programme müssen
Geachtet werden – Eselei natürlich,
Denn um des Alpenpanoramas willen
Wird man auf jeden Fall Turin noch einmal
Besuch zu machen haben – Stupinigi..
Nein nein, es lockte mich; trotz Wasserfluten
Wollt ich das Königliche Jagdschloß sehn,
Es rief doch gradezu nach mir! barockisch
Geniale Saal-Architektur Juvaras!

FILIPPO JUVARRA
LÄSST DAS JAGDSCHLOSS STUPINIGI IN DER UMGEBUNG VON TURIN LANDEN

Ich habe selten ein dermaßen schamlos
Unwirsches, abgeneigt verrammeltes
Bauwerk erlebt, das mich so absolut nicht
Empfangen wollte wie dies Stupinigi.
Von Rufen keine Rede! Schon im Bistro
Fings an. Espresso: si. Zu Essen: niente.
Es war halb vier, wir hatten grimmen Hunger –
Was muß der Mensch nicht leiden für die Künste!
Am Ende zauberte uns die Padrona,
Schwarzlippenbärtig dick und guten Herzens,
Nach langem Flehen einen Suppenrest;
Doch Eintritt zum Palazzo? nein, das gabs nicht;
Selbst ihr, in drei Jahrzehnten, sei das niemals
Gelungen. Kastellan? Si, si! Indessen
Man brauche schriftliche Erlaubnis, schriftlich
Acht Tage vorher einzureichen, Antrag,
Si! in Torino, bei dem Oratorium
Vom Heilgen Soundso. Ich bohrte weiter,
Erfuhr, dies Stupinigi sei Domäne,
Va bene, gut, und der Verwalter? lebt er?
Er lebte! Freunde, der Verwalter lebte!
Er unterstand zwar auch dem Oratorium,
Indessen: bringt mich hin! Und so geschah es.

Im Stallgebäude wartend, schwatzt ich dringlich
Französisch-italienisch-deutsch-lateinisch
Auf eine zugeknöpfte junge Dame,
Die Sekretärin des Verwalters, ein:
Ich sei Gelehrter, kunstbeflissen, eigens
Aus Nord herbeigeeilt, ein Buch zu schreiben –
Si si, lo sò, der Antrag, Oratorium,
Manco di tempo, kurz: nur zehn Minuten,
Warum denn nicht? die Vorschrift! ah, gran Dio!
Dann schaffen Sie mir den Verwalter! eine
Minute mit dem Herrn! Verärgert ging sie.
Ich tigerte die Fliesen auf und nieder.

Nach einer Viertelstunde war ich mürbe –
Entschlossen, nun zu gehen. Da, o Wunder!
Entschloß die Tür sich, knarrte in den Angeln,
Und glatt heraus trat diplomatenhaft,
Braunäugig, schön gescheitelt, melancholisch –:
Hugo von Hofmannsthal! idolo mio,
Mein Gott in litteris, aus dem Gesichte
Geschnitten ähnlich. Ach, das lieh mir Feuer.
Er sprach Französisch: non, c'est impossible;
Je suis, Monsieur, vraiment inconsolable,
Sie müssen schriftlich einen Antrag stellen,
Beim Oratorium, oui, rue telle-et-telle.
Ich biß mich fest: Je vous implore, Monsieur –
Ein Telephongespräch! versuchen Sie es,
C'est bien un cas urgent! Kopfschüttelnd ließ er
Mich stehn und warten. Doch in Hugos Händen,
Ich hofft es, wußt es, war ich aufgehoben
Als wie in Abrams Schoß. Die Sekretärin
Kam achselzuckend: keinerlei Verbindung.
Ich blieb und tigerte. Beim dritten Anlauf
Gewann für mich der Herr v. Hofmannsthal
Die Schlacht von Stupinigi: gehen sollt ich,
Er rufe unterdeß den Kastellan an –
Das Oratorium habe ausnahmsweise
Aus Ehrfurcht vor der deutschen Kunstgeschichte
Dem Antrag stattgegeben. Überschwenglich
Dankt ich und bitte hiermit überschwenglich
Die Herren von der Fakultät, mich nicht
Juristisch zu belangen – weder Orden
Noch Doktortitel maßte ich mir an,
Erwähnte nur den Wunsch, ein Buch zu schreiben –
Eh bien, c'est mon métier, que voulez-vous?
Und Kunst hat mich gelehrt mein Vater selig.
Dem lieben Kastellan gab ich ein Trinkgeld,
Das sich gewaschen hatte, oh! der Regen!
Den Hirsch, der oben auf dem Mittelbau steht,

Schöß ich herab, wenn ich ein Jäger wäre,
Den Saal jedoch vergeß ich nicht mein Lebtag:
Das ist die schönste aller Raum-Ideen,
Ein Langrechteck, auf das diagonal hin
Vier Seitenflügel streben, zwei-etagig
Rafft sie der Saal zusammen, schäumend wirft ein
Umlaufbalkon sich über Säulen vorwärts
Und springt zurück und kröpft sich mit Geländern
Und Stukkaturen lustvoll um das Ganze,
Und Durchblick über Durchblick, unbeschreiblich,
Ein Fest den Augen, alles noch möbliert.

Dies war (bis auf Guarinis wild abstrakte
Bauspielereien am Turiner Dome
Und am Palazzo Carignano, beides
Am nächsten Vormittag noch kurz besichtigt)
Das letzte Kunsterlebnis in Italien,
Ein Fulminant-Akkord! und »O felici!«
Rief rechtens, als wir in das Bistro traten,
Die lippenbärtige Padrona aus,
Entbreitete die Arme und den Busen,
Bewegt bis in das Tiefste – dreißig Jahre
Am Ort gewesen und kein Schloß-Eintritt!
Ich schätze, daß sies nie versucht hat, schätze,
Sie *wirds* nie tun – und ob sie den Zentralsaal
Zu schätzen wissen wird? ich schätze: nein.

Und draußen goß es. In der Straßenbahn
Grüßt ich noch einmal Herrn v. Hofmannsthal,
Er fuhr nach Hause mit gerolltem Schirme,
Sehr vornehm, distinguiert, sehr gut frisiert;
Das brachte mich auf die Idee, ich könne
Auch *mich* etwas annobilieren lassen,
Und gleich am Großmogul fand ich ein schönes,
Ein nobles Institut; es war so nobel,
Daß ich, kaum eben in den Sessel sinkend,

Schon mit Altezza angeredet wurde,
Und Widerspruch nicht duldend, stürzten sich
Zwölf unbeschäftigte Frisur-Artisten
Mit Komplimenten auf den späten Kunden,
Und alle taten sie mir irgend etwas,
Ein Schnips von links, von rechts ein Puderquästchen,
Ein Spiegel da, dort ein Flacon, von hinten
Ein Streichholz, »Prego, per la Sigaretta«,
Und noch Parfum! und hier nochmal gebürstet,
Gestriegelt und poliert, gedienert, Scheitel
Dreimal gelegt und nochmal Portogallo!
Vier Herren, in den Mantel mir zu helfen,
Vier mit der Kleiderbürste – mir zu Füßen
Auch zwei, die Schuhe mußten blitzen, grazie, –
Schön wie Adonis schritt ich in den Regen,
Um tausend Lire ärmer für den Haarschnitt
Und um dreihundert für die buona mano.
Egal, egal! Und alles Geld, das sonst noch
In meinen Taschen sich nur finden wollte,
Ward diesen letzten Abend klein gegessen
Und klein getrunken unter Kolonnaden –
Im Cucolo, dem Luxus-Ristorante!
In Lauben sitzt man da, in Zwitscherhecken,
Die Finken schmettern aus den Lorbeerbüschen,
Und gelbe Wolken von Kanarienvögeln
Durchschwirrn den Oleander, Stare schwatzen,
Die Minestrone schwebt herbei, Terrine
Von Silber, und in Wolken gleichfalls
Senkt sich der Parmesan-Schnee auf die Suppe.

Addio, Freunde! Wolken! Wolken! Wolken!
Die Lombardei ertrank in einer Sintflut.
Und nie vergeß ich, wie in Cavigliano,
Kanton Tessin, die Wassermassen lautlos
Auf steiler Straße den Asphalt hinunter
Als knöchelhohe schräge Platte flossen,

Als graues Spiegelglas, bei Pontebrolla
Die Maggia und Melezza ihre Schluchten
Auffüllten Tag für Tag und Nacht für Nacht,
Und wie das quirlte, strudelte, rumorte,
Schob, donnerte – und floß und floß doch immer
Noch neues Regenmeer, Bindfädenvorhang
Die Alpenwände nieder, Bäche, Ströme –
Wie sollte denn der Po das alles fassen!

Er hats nicht mehr gefaßt. Es war das Jahr
Der heut schon sagenhaften Überschwemmung.
Wir aber hatten ihn, den Po, den Ur-Strom,
Noch ganz normal gesehn vor seinem Delta,
Ihn überrollend bei Ferrara: Dämme,
Strichdünn zu Seiten kilometerbreiter,
Sich wälzender, olivgrün-silbrig-grauer
Dämonenmächte, Pluvius Jupiter –
Und Wälder standen ihm auf seinem Rücken,
Als schwämmen sie dahin, vom Meere kommend,
Denn von der Adria her blies der Ost ihm
Die obren Wasser, straffe Wogenkämme,
Landwärts zurück, vibrierend, tremolierend,
Kraftkämpfe ozeanischer Gewalten:
Ein Bild, bei dem es leicht wird, die Antike
Im Herzen mitzufühlen und ihr frommes,
Geängstigtes Verhältnis zu den Göttern
Des Himmels und der Erde. Ganz gewißlich:
Der Po ist mehr gewesen als ein Strom nur –
Ein Gott, so strömt er, gurgelnd und gefährlich,
Beschenkend und auf reiche Opfer pochend,
Urheidnisch heut noch durch das Alpenvorland,
Und ihn umarmen ungeheure Berge,
Und ungeheure Sonne überflammt ihn,
Und wenn sie sank, so deckt ihn wie zu Zeiten
Antiker Welt die ungeheure Nacht.

ENDE

NACHBEMERKUNG

WOLF v. NIEBELSCHÜTZ, Autor der »Respektlosen Epistel« *Auch ich in Arkadien*, ist seit 25 Jahren tot. Wie kommt es, daß dieser amüsante Kunst- und Reisebericht – in fünffüßigen Jamben: eine Besonderheit in der deutschen Literatur – erst jetzt veröffentlicht wird? Auch Manuskripte haben ihre Schicksale, und ein liebenswürdiger Zufall lenkte dasjenige der Arkadien-Epistel endlich in die Schweiz, nach Zürich, wo nahbei vor 35 Jahren bei gleichfalls liebenswürdigen Schweizer Freunden die Reise zu zweit erwartungsfroh und verheißungsvoll begonnen hatte.

Ziel der Bahnreise im Oktober 1951 war die Tiepolo-Ausstellung in Venedig, ein Magnet für den Barockfreund, dessen Roman *Der Blaue Kammerherr* zwei Jahre zuvor erschienen war. Im August 1953 begann WvN mit der Niederschrift der Epistel, brach nach der Hälfte ab, um zwei Auftragsarbeiten für die Industrie rechtzeitig abzuliefern, und vollendete die Niederschrift im Oktober/November 1954. Entgegen seiner sonstigen Gepflogenheit gab er sie sofort, d.h. ohne lange daran herumzufeilen, zum Druck frei – es lagen auch schon Illustrationen dazu vor –, zog aber die Druckerlaubnis zurück, nachdem ihm bei privaten Vorlesungen aus der Epistel die Notwendigkeit einer Überarbeitung klar geworden war. Seine Selbstkritik dem eigenen »style mixed« gegenüber wuchs bei jedem neuen Lesen, und nach der Bemerkung eines Freundes, er habe hier Perlen und Kieselsteine auf eine und dieselbe Schnur gefädelt, hätte er fast die gesamte Arbeit verworfen, die ihm aber, der Perlen wegen, am Herzen lag, und so nahm er sich vor, einige allzu apodiktische Urteile zu glätten, Platitüden zu eliminieren, weitschweifige Passagen über unwichtige Vorgänge zu kürzen und dafür Vergessenes einzufügen (z.B. die Sistina und andere große Eindrücke in Rom).

Dazu ist er nicht mehr gekommen, denn bevor er diese Arbeit aufnahm, fand er bei der Vorbereitung einer Provence-Reise in einem Guide

Michelin Hinweise auf historische Begebenheiten im 12. Jahrhundert: Ausgangsposition zu dem Roman *Die Kinder der Finsternis,* der ihn von nun an bis zum Erscheinen 1959 beschäftigte und die Überarbeitung der Epistel wiederum verschob.

So blieb das Werk eigentlich unfertig, wenn auch kein Fragment. Als langjährige WvN-Partnerin im Leben und bei der Arbeit fand die Herausgeberin endlich einen Weg, die Absichten des Autors ungefähr in seinem Sinne zu verwirklichen. Eine wertvolle Hilfe waren ihr dabei Notizen, Randbemerkungen und Striche in seinem Arbeitsexemplar. Stellen, an denen durch den Fortfall größerer Passagen der Erzählfluß unterbrochen scheint und Pausen in der genauen Reise-Abfolge entstanden, wurden durch *** kenntlich gemacht. Auf diese Weise fehlen zwar die geplanten Nachträge zu Rom, Genua, Empoli, es fehlen auch einige muntere WvN-Übergänge, aber die Authentizität wurde in allen Fällen gewahrt.

Düsseldorf, im August 1986 I.v.N.